Gabosch, David: Bewegungsabläufe auf der E-Gitarre verstehen

David Gabosch

Bewegungsabläufe

auf der E-Gitarre verstehen

Virtuose Spieltechnik in detaillierten Beschreibungen

und einführenden Übungen für linke Hand und rechte Hand –

Hohes Tempo mit Leichtigkeit

Impressum

Die Deutsche Nationalbibliothek verzeichnet diese Publikation in der Deutschen Nationalbibliografie; detaillierte bibliografische Daten sind im Internet über dnb.dnb.de abrufbar.

© 2019, 2020 David Gabosch
4. Auflage
Herstellung und Verlag:
BoD – Books on Demand, Norderstedt

ISBN: 9783749495641

Inhalt

Einführung

Liebe Leserin, lieber Leser[1],

dieses Heft soll dazu beitragen, bestehende Gitarrenschulen in einigen wichtigen Punkten zu ergänzen. Denn vielfach findet der aufstrebende Gitarrenvirtuose in solchen Büchern oder Videos leider nur, *was* man spielen sollte, um seine Spieltechnik zu verbessern, aber nicht, *wie* genau man das schaffen kann. Um das „*wie*" geht es in diesem Heft: Beschreibungen und Anleitungen für die Bewegungsabläufe, die so wesentlich sind für das Meistern der verschiedenen Spieltechniken, insbesondere in hohem Tempo und mit Leichtigkeit.
Aus diesem Grund habe ich einige Übungen zusammengestellt, die dann sehr genau bewegungstechnisch unter die Lupe genommen werden. An ihnen lassen sich exemplarisch wichtige Bewegungsabläufe und -zusammenhänge erlernen und beobachten. Mit diesen Erkenntnissen bereichert wird es einem deutlich leichter fallen, neue Songs, Licks und Soli spielen zu lernen, da man die erforderlichen Bewegungsabläufe schneller erkennt.

Die beschriebenen Bewegungsabläufe sollen dabei nicht als absolut gültige Regeln gelten, die man sich anhand von Bildern und Noten aneignet, sondern vielmehr als 'Zutaten', deren Dosierung mit Feingefühl zu erproben ist. Da manche Übungen unter mehreren technischen Aspekten sowohl bezüglich der linken Hand als auch der rechten Hand erneut aufgegriffen werden, empfehle ich, zunächst *nicht* auf ein hohes Zieltempo hin zu üben, sondern sich erst mit den übrigen Bewegungsabläufen und Tipps über die folgenden Kapitel vertraut zu machen. **Also am besten: Erst einmal alles in eher langsamem Tempo 'durchprobieren'. So verschafft man sich schnell einen Überblick und kann am besten entscheiden, wie es weiter gehen soll.**

Die grafischen und fotografischen Darstellungen in diesem Heft können mit dem Ziel der deutlichen Veranschaulichung manche Haltungen und Bewegungen leicht übertreibend darstellen. Im Umgang hiermit kommt es darauf an, selbst zu spüren, wie viel davon sinnvoll und passend ist.
Das vorliegende Heft stellt zwar Verbindungen zu bekannten Lehrwerken und verbreiteten Erkenntnissen dar, beruht jedoch, wie teils auch diese, auf subjektiven Erfahrungswerten aus Übung und Unterricht. Es handelt sich bei den Übungen und Hinweisen, wie bei aller Musik mit virtuosem Charakter, um artistische Herausforderungen, die hohe Ansprüche an korrekt ausgeführte Bewegungen stellen. Dieses Heft stellt jedoch keine fachgerechte medizinische Beratung dar, die man sich aber bei Unsicherheiten oder Problemen einholen sollte. Es gibt hierfür beispielsweise Musikersprechstunden an Kliniken.
Neben den verschiedenen eigenen Ideen zu diesem Heft, die mir selbst als Gitarrist und Gitarrenlehrer im Laufe der Zeit gekommen sind, wie zum Beispiel die diversen 'Experimente' zum Be-Greifen spieltechnischer Voraussetzungen, mein Ansatz, um 'Streckung' der Greifhand über 5 Bünde entspannter zu gestalten, oder 'Kringel-Bilder' und 'Kringel-Linie' beim Crosspicking, sind außerdem Gedanken grundlegend eingeflossen, die im Bereich der klassischen Gitarrenpädagogik – wenn auch bislang wenig in der Literatur – bereits verbreitet sind, die ich dann auf für die E-Gitarre typische Solospielsituationen übertragen habe, wie etwa die Bewegungen des linken Armes.

---

1   Im Folgenden wird aus Gründen der einfacheren Lesbarkeit die männliche Form „Leser" bzw. „Gitarrist" gewählt, mit der dann beide Geschlechter gemeint sind.

Des weiteren beziehe ich mich im Kapitel zur rechten Hand dann teilweise auch auf durch Lehrvideos und Internet inzwischen bekannte Konzepte (z. B. Neigung des Plektrums), ergänze sie allerdings auch um wertvolle praktische Übungen und alternative Sichtweisen hierauf, die einem das Lernen der jeweiligen Bewegungsabläufe deutlich erleichtern können.

Insgesamt empfehle ich, die Kapitel, die einen interessieren, quasi 'mit der Gitarre in Reichweite' durchzuprobieren. Der relativ umfangreiche beschreibende Text ist kaum Theorie, sondern vielmehr praktische Anleitung.

Ich hoffe, dass dieses Heft die Leserin / den Leser den eigenen Zielen auf der Gitarre ein Stück weit näher bringt, und wünsche dabei viel Spaß!

David Gabosch

Teil 1: Der 'blinde Fleck' der E-Gitarrenliteratur und -videos: Der linke Arm!

1. Was braucht meine Hand? Experimente

Es gibt einige 'Grundregeln' zur Haltung der LH[2] die man im Hinterkopf behalten sollte, auch wenn wir im folgenden einige 'Experimente' durchführen werden:

1. Linker Arm und Ellbogen sollten beweglich bleiben, um der jeweiligen Spielsituation dienen zu können, und nicht blockiert werden.
2. Das Handgelenk der LH sollte stets gerade oder nur minimal gebeugt sein, niemals stark gebeugt. Unterarm und Handgelenk bilden (einigermaßen) eine Linie. (Im Spiegel kontrollieren, immer wieder...)
3. Der Daumen muss frei beweglich bleiben, darf kaum Druck ausüben.
4. Es wird immer möglichst nahe am Bundstäbchen gegriffen, da es hier am leichtesten geht.

Es reicht aber keineswegs, allgemeine 'Regeln' zu kennen, um erfolgreich Gitarre zu lernen, sondern *die eigenen* Hände sind es, die man kennenlernen muss!
Der berühmte Klavierpädagoge und Pianist Heinrich Neuhaus, aus dessen Klavierklasse zahlreiche Pianisten von Weltrang hervorgegangen sind, schreibt hierzu einleitend zu seinem Werk 'Die Kunst des Klavierspiels'[3]:

„Je besser ein Pianist die drei Komponenten Musik, sich selbst (den Interpreten) und das Klavier kennt, desto sicherer wird er ein Meister und kein Dilettant."

In diesem Heft wird es im wesentlichen um die zweite Komponente und ein Stück weit um die dritte (hier: Gitarre) gehen. Jener Satz von Neuhaus wird von mir als ernst gemeinte Aufforderung verstanden, sich intensiv mit den eigenen Händen und allem, was noch als 'Interpret' körperlich und geistig am Gitarrenspiel beteiligt ist, vertraut zu machen (= zweite Komponente), bezogen auf die Möglichkeiten des Instruments (= dritte Komponente). Die musikalische Seite wird in diesem Heft bewusst außen vor gelassen.[4]

---

2 Diese 'Grundregeln' sind im klassischen Gitarrenunterricht weit verbreitet, im Bereich der E-Gitarre teils noch vernachlässigt, obwohl sie gleichermaßen wichtig sind, um möglichst effektiv und ausdauernd spielen zu können. Sie wurden aus gutem Grund von Hubert Käppel in seinem Werk 'The Bible Of Classical Guitar Technique'. AMA-Verlag 2016, S. 23 f. aufgenommen.

3 Neuhaus, Heinrich: Die Kunst des Klavierspiels, VEB Deutscher Verlag für Musik, 1969, vgl. auch Ausgabe Musikverlag Hans Gerig 1967. In letzterer ist von 'Beherrschung' der drei Komponenten die Rede, was nach der alternativen, oben zitierten Übersetzung 'kennen' letztlich voraussetzt: Man kann nur beherrschen, was man kennt.

4 Wer jedoch nach mehr gut klingenden Licks sucht, der sei auf die Unterrichtsmedien mit Licks verwiesen, die im Literaturverzeichnis am Ende zu finden sind. Ebenda findet man auch Clemens Kühns 'Formenlehre', worin Möglichkeiten musikalischer Gestaltung anhand von klassischer und 'neuer' Musik anschaulich und übersichtlich gegliedert dargestellt werden, die durchaus gut auf Rock,

Bevor wir mit Übungen auf der Gitarre beginnen, widmen wir uns daher zunächst dem Kennenlernen der linken Hand. *Denn ein ganz wesentlicher 'Trick' beim Gitarre spielen besteht darin, unsere physiologischen Gegebenheiten bewusst zu spüren und zu nutzen: Es kommt darauf an, dass wir von der Hand möglichst nur das verlangen, was sie tendenziell gut kann.* Zu Spielsituationen, die darüber hinaus zu gehen scheinen, kommen wir später (Unterstützung durch den Arm).

Ziel ist in jedem Falle, auch wenn hier das Wort „Kraft" benutzt wird, möglichst wenig hiervon zu verwenden, indem der Finger jeweils richtig positioniert wird.

Dabei ist klar, dass jeder Finger eine andere Länge hat, und die Hand insgesamt kein rechtwinkliges Gebilde ist, also ganz anders, als die Saiten und Bünde zueinander angeordnet sind. Dem ist nicht entgegenzuwirken durch Zwang, sondern vielmehr Rechnung zu tragen – die Hand mit ihrer komplexen Form ist gut, so wie sie ist.

Anstatt die Finger mit irgendwelchen Trainingsgeräten zwecks Kraftsteigerung zu quälen, von denen ich abrate, wollen wir nun ausprobieren, worin eigentlich die Stärke und Stabilität unserer Hand bereits liegt, bzw. wie sie zu nutzen ist. Alle, die am liebsten direkt am Griffbrett loslegen würden, bitte ich um Geduld und wohlwollende Aufmerksamkeit für die eigene linke Hand. Es lohnt sich!

Erstes Experiment: Stabilität der Hand

Zuerst halten wir den linken Arm vor uns in die Luft und lassen die linke Hand, der Schwerkraft folgend, locker hängen (Abb. 1). Dann behalten wir diese Handeinstellung bei, und stellen Hand mit den Fingerspitzen auf den Tisch. Die Form der Hand und der Finger stellt nun eine Art Gewölbe dar (Abb. 2). Wir klopfen zart mit allen Fingern und dem Daumen gleichzeitig auf den Tisch, und halten dafür eine leichte Spannung in den Fingern, sodass die Form der 'Kathedrale' in Gewölbebauweise erhalten bleibt, und spüren die Stabilität des Ganzen, die aber nicht in Muskelkraft, sondern in der 'Bauweise' gründet. Die Bewegung kommt ausschließlich aus dem Arm und dem Handgelenk (Abb. 2 und 3).

Pop, Fusion oder Jazz übertragbar sind, also z. B. zum Erfinden von neuen Licks oder zur eigenen Umgestaltung von bestehenden.

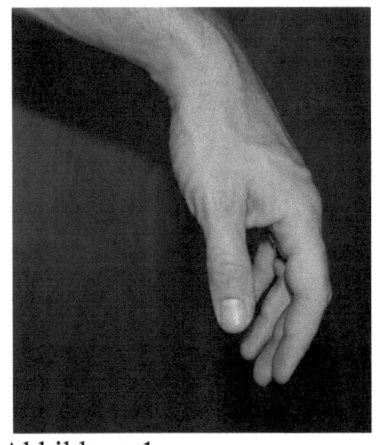

Abbildung 1

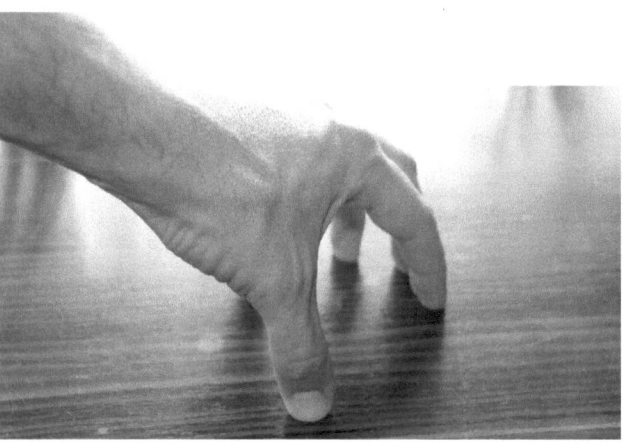

Abbildung 2

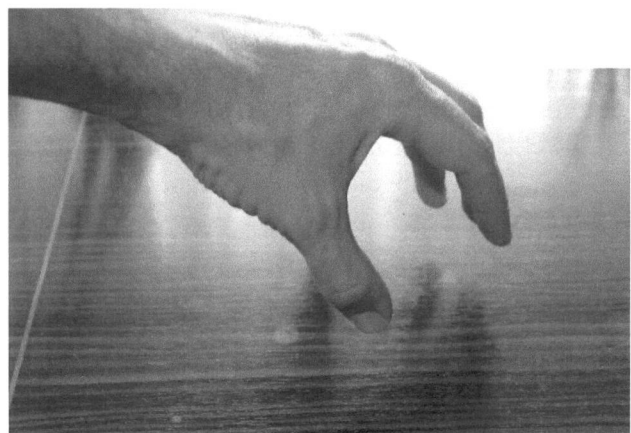

Abbildung 3

Zum Vergleich ein zweites Experiment, das eine *ungünstige (!)* Haltung verdeutlicht:

Wir legen zunächst eine Unterlage auf den Tisch, z. B. ein etwa daumendickes Buch oder die andere Hand. Dann legen wir die linke Hand mit der Handinnenseite nach unten darauf, sodass die Finger gerade so mit dem mittleren Gelenk über das Buch hinaus ragen. Das Fingergrundgelenk, das die Finger mit der Handfläche verbindet, liegt auf dem Buch und wird nicht bewegt. Wir klopfen nun mit Bewegungen der mittleren und äußeren Fingergelenke auf den Tisch. Dabei bleibt der Rest der Hand fixiert auf dem Buch (Abbildungen 4 und 5). Wie fühlt sich das im Vergleich mit dem ersten Experiment an? Wenn nun die ganze 'Klopfarbeit' von den letzten beiden Fingergelenken geleistet werden muss: Deutlich anstrengender, weniger 'stabil'.

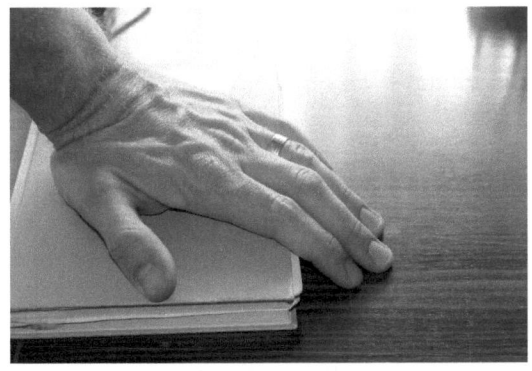
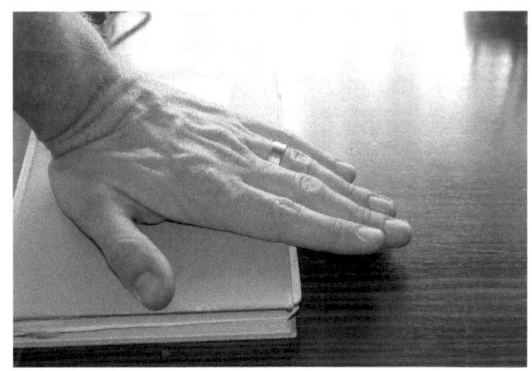

Abb. 4 ungünstige Bewegung   Abb. 5 ungünstige Bewegung

Was lernen wir daraus für das Gitarrenspiel? Die Kraft sollte stets vom großen, starken Gelenk / Körperteil ausgehen. Je kleiner und schwächer, desto weniger sollte ein Bereich beansprucht werden. Der international erfolgreiche klassische Gitarrist Jens Wagner beschreibt diesen Zusammenhang in einem Aufsatz zur Haltungs- und Bewegungslehre für Gitarristen mit den prägnanten Worten: „Vom Großen zum Kleinen"[5].

Zunächst für die Hand und Finger am Griffbrett lässt sich in diesem Sinne festhalten:

> Die Hand möglichst immer wieder so in Position bringen, dass die Finger bogenförmig stabil und mühelos *über ihr Grundgelenk* greifend Kraft auf die Saiten übertragen können.   Dabei wird allerdings aufgrund der Position der Hand am Griffbrett erforderlich, diese Bogenform gegenüber unserem Experiment noch etwas anzupassen, indem das Fingermittelgelenk stärker gebeugt wird (siehe unten), sodass Stabilität und Kraft 'umgeleitet' werden.

Drittes Experiment: Die Schwerkraft aus dem Arm

a) Wir formen den Zeigefinger der linken Hand wie im Experiment bogenförmig, dann noch stärker gebeugt wie einen Haken (Abb. 6) und hängen diesen am Griffbrett an (Abb. 7), sodass er mit der Spitze im 5. Bund der g-Saite greift. Man versuche dabei, das Gewicht des Armes für den Druck auf die Saite zu nutzen, sodass die Muskeln des Fingers und des Arms weniger leisten müssen. Der Daumen befindet sich in seiner

---

5   Wagner, Jens: Hinweise zu einer Haltungs- und Bewegungslehre für Gitarristen. Online unter: www.jenswagner.com/hbl.pdf, aufgerufen am 28.7. 2019.

üblichen Position, übt aber keinen Druck aus. Eventuell hilft es im Rahmen dieses Experiments, die Gitarre ein wenig zu sich hin zu kippen, sodass der Finger etwas mehr 'von oben' und nicht nur seitlich an das Griffbrett gelangt.

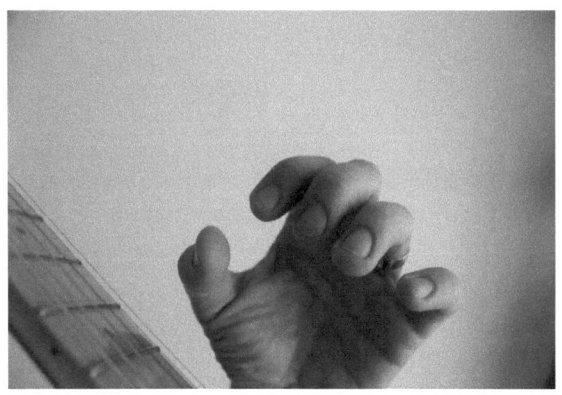 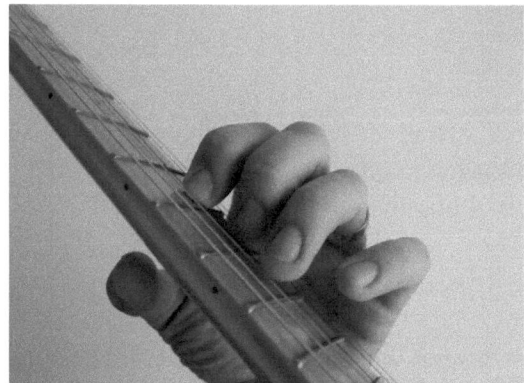

Abb. 6   Abb. 7

b) Jetzt probieren wir, diese Schwerkraft für einen Barrégriff zu nutzen:
Wie viel können wir beim G-Dur-Barrégriff in der 3. Lage, anstatt nur mit den Fingern zu drücken, durch die Übertragung des Armgewichts auf den Barréfinger an Krafteinsatz einsparen?

c) Wir spielen ein paar bequem greifbare offene Akkorde auf der Gitarre mit lockerem Strumming ('Geschrammel'). Wir lassen zwischendurch plötzlich die Saiten los, sodass Hand und Arm der Schwerkraft folgend frei herunterfallen, ohne diese Bewegung zu steuern. (Vorher schauen, dass man sich nirgends anrempelt!) Hier wird deutlich, woher ein Teil der Kraft auf den Saiten kommt: Von Arm über die Hand umgelenkte Schwerkraft. Die Frage ist nur: Wird sie gut über die Finger auf die Saiten geleitet (günstig) oder hindern allein Arm und Daumen die Hand am herunterfallen (ungünstig – verschwendetes Armgewicht)

Ideal ist die Verbindung zwischen 1.) stabilem Greifen, der stabilen Aufstellung der Finger (siehe oben) und 2.) dem Umleiten der Schwerkraft hierüber, im erforderlichen Maße. Wir machen das selbe Experiment nochmals, und probieren zu spüren, wo und wie wir die Schwerkraft auf die Saiten übertragen, ohne dabei unnötig zu drücken. Wir hängen quasi die linke Hand mit den Fingern am Griffbrett an. Der Daumen stabilisiert nur minimal, hindert am Abrutschen, drückt nicht fest und klammert auch nicht! Eventuell muss der rechte Arm die Gitarre dafür ein wenig stabilisieren, in dem er darauf aufliegt.

Ergebnis dieses Experiments:

> Ziel beim Gitarrenspielen ist möglichst geringer Krafteinsatz insgesamt, wobei ein Teil dieser möglichst geringen Kraft dann auch, wenn es mal etwas mehr braucht, von der Schwerkraft stammen darf. Eine gute Haltung macht hiervon – je nach Bedarf – mehr (bei Barrégriffen, klassischem Vibrato entlang der Saite) oder nur minimal Gebrauch (Tonleitern). Dieser minimale Gebrauch fühlt sich eher an wie ein 'Leiten' der Finger durch die Armposition.

Umgekehrt kann es ein mögliches Anzeichen für eine ungünstige Haltung sein, wenn diese Umleitung der Schwerkraft gar nicht möglich wäre (ausprobieren...), weil die Kraft dann vermehrt aus den mittleren oder letzten Fingergelenken 'kommt', bzw. dort eine übermäßige Spannung herrscht[6]

Viertes Experiment: Minimalkraft

Wir versuchen nun, die beiden vorherigen Aspekte (1. stabile Fingeraufstellung, 2. Gewicht des Armes umleiten) weiterhin zu nutzen, wobei wir nun aber probieren, wie wenig Kraft eigentlich nötig ist, um sauber zu greifen. An der Gitarre legen wir die Finger mit ähnlichem Gefühl von Stabilität an, nun mit leicht angewinkelten Fingergrundgelenken, deutlich (fast 90°) angewinkelten mittleren Fingergelenken – also insgesamt deutlich gekrümmten und dadurch mit dem letzten Fingerglied (in der Regel, Ausnahmen siehe Kapitel 2) eher steil auf der Saite stehenden Fingern.[7]

Wir legen der Reihe nach einmal ausschließlich den Zeigefinger, dann nur den Mittelfinger, dann nur den Ringfinger und zuletzt nur den kleinen Finger erst zart auf die g-Saite, spielen dabei jeweils wiederholend die Saite, sodass noch kein Ton, sondern nur ein 'Klacken' (Ghostnote) entsteht. Dann erhöhen wir jeweils minimal den Druck (mit stabiler Fingerhaltung, minimal auch Armgewicht), spielen weiter diese Saite, bis gerade so ein Ton erklingt.

Es wird immer möglichst nahe am Bundstäbchen gegriffen, da man hier am wenigsten Kraft braucht.

---

6 Es ist eigentlich so, dass auch hierbei Muskeln im Arm kontrahieren, meine Beschreibung bezieht sich eher auf die Bewegung, wie wir sie bewusst steuern und äußerlich wahrnehmen.

7 Man kann bei manchen E-Gitarristen gelegentlich (!) relativ flach aufgesetzte Finger (z.B. Steve Vai, Steve Morse) beobachten. Hier wird deutlich, dass je nach Spielsituation auch anderes möglich ist. Auch Spreizungen können flacheren Fingeraufsatz erfordern (siehe Kapitel 2). Es geht in diesem Heft nicht darum, alle Möglichkeiten zu zeigen, sondern ein Verständnis von Bewegungsabläufen zu vermitteln, die sich bei der Mehrheit der Gitarristen in der Mehrheit der Spielsituationen (mittlere Saitenstärke, mittlere Saitenlage...) bewährt haben. Des weiteren ist zu beobachten, dass manche Star-Gitarristen bei kurzen Unterrichtsvideos und Erklärungen eine nach Maßstäben dieses Heftes ungünstigere Haltung einnehmen, während sie bei längeren fordernden Live-Konzerten dann günstigere Haltungen verwenden.

So können wir experimentell erfahren, wie wenig Krafteinsatz es stets sein sollte, wenn wir spielen.

Unseren Minimalkrafteinsatz können wir immer wieder zwischendurch durch diese Übung überprüfen. So banal es scheint, so wichtig ist dies doch, da das Üben einer noch nicht beherrschten Tonfolge erfahrungsgemäß dazu verführt, die mangelnde Spieltechnik durch erhöhten, ungünstigen Krafteinsatz zu kompensieren.

2. „Grundhaltung" ist gut für Grundhaltung – sonst (fast) nichts – Locker Greifen über 5 Bünde?

Zunächst etwas Grundsätzliches zur Haltung:

Die Gitarre wird im Sinne der in diesem Heft beschriebenen Techniken ziemlich hoch umgehängt, was der Technik der linken Hand zugute kommt. Alle weiteren Beschreibungen konkreter Spielsituationen und Licks beziehen sich in diesem Heft auf diese Haltung eines durchschnittlichen Erwachsenen an einer normalen Gitarre. Weicht man hiervon ab, passen die Beschreibungen natürlich nicht mehr zwangsläufig. Nicht alle handelsüblichen Gurte sind dafür gemacht. Man vergleiche sich im Spiegel mit der Haltung eines Frank Gambale[8] oder anderer langjährig erfolgreicher Virtuosen im Stehen. Ebenso wäre eine klassische Haltung mit Fußbänkchen unter dem linken Fuß möglich, falls man Abwechslung sucht, oder ein Hocker, der mit Querstreben Abstellmöglichkeiten für den Fuß anstatt einer separaten Fußbank bietet. Es kommt letztlich auf das Ergebnis an: Der Gitarrenhals (das ist der Sinn des Fußbänkchens – und so sollte die Gitarre auch mit dem Gurt hängen) zeigt mit ca. 45° in die Höhe (Abb. 26 und 27). So wird durch die Schräge und die Höhe insgesamt das Spielen deutlich erleichtert, teils erst ermöglicht. Lediglich viel zu hoch gehängt, was ohnehin unbequem wird, würde dies wiederum die üblichen Bewegungsabläufe der rechten Hand einschränken. Falls die rechte Hand also einmal nicht so locker 'läuft', wie sie soll, kann man auch mal eine niedrigere Position erproben. Diese sollte allerdings nicht zulasten der linken Hand sein und nicht zu einem stark geknickten linken Handgelenk führen! Als Motto passt: So hoch, dass es für die linke Hand möglichst leicht wird, für die rechte Hand aber immer noch bequem.

---

8 Gambale benutzt eher anspruchsvolle Fingersätze der linken Hand, zugunsten seiner Sweepingtechnik, entsprechend hoch hängt er seine Gitarre um.

Vorsicht: Langsam spielen kann man auch in den unmöglichsten Haltungen – aber übt man so oder spielt anschließend so vermehrt in höherem Tempo über längere Zeit hinweg, drohen einem Schmerzen oder gar Verletzungen.

Die Ausführungen in diesem Heft sind gedacht für virtuoses Spiel, auch in höheren Lagen der Gitarre, mit teilweise anspruchsvollen Fingersätzen. Zwischendurch ein paar offene Akkorde in einer 'faulen' Haltung sind natürlich grundsätzlich kein Problem, nichts in diesem Heft sollte als 'absolutes Dogma' aufgefasst werden, sondern vielmehr helfen, zu verstehen und zu spüren, wie Haltung insgesamt und Finger zusammenarbeiten. Letztlich entscheidet man dann je nach Spielsituation, was man braucht. Weniger anspruchsvolle Fingersätze für die LH können durchaus mit einer 'lagerfeuermäßig' auf dem rechten Bein aufliegenden Gitarre funktionieren. Auch gibt es zuweilen für eine und die selbe Tonfolge mehrere technisch effiziente Lösungsmöglichkeiten. In diesem Heft geht es jedoch darum eine Haltung zu erkunden, die möglichst universell einsetzbar ist, und sich zugleich bei vielen der namhaftesten Elektrogitarristen und klassischen Gitarristen bewährt hat.

Klassische Haltung:
Die oben beschriebene hohe Position mit schrägem Gitarrenhals *ist Bedingung* für den Daumen in klassischer Haltung (Abb. 8) Der Daumen befindet sich auf der Rückseite des Halses, ungefähr gegenüber dem Zeige- und Mittelfinger. Dies Haltung ist für Tonleitern, Arpeggien und viele Akkordgriffe ideal.

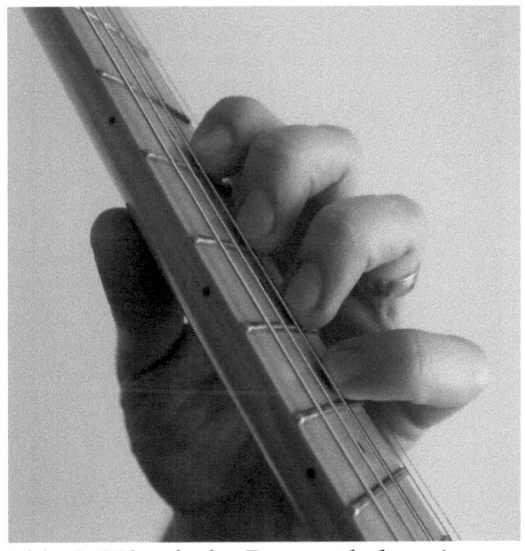

Abb. 8 (Klassische Daumenhaltung)   Abb. 9 (Bending-Haltung)

Besonders für Bendings (Saitenziehen) und E-Gitarren typisches Vibrato (in Richtung der Nachbarsaiten hin und her) eignet sich deutlich besser die Haltung, bei der der Daumen weit über den Griffbrettrand hinausragt (Abb. 9). Beides klappt oft leichter, wenn man eine Saite hierzu mit mehreren Fingern gleichzeitig zieht, je ein Finger pro Bund.[9] So wechseln beispielsweise Gitarristen wie Greg Howe oder Frank Gambale[10] zwischen diesen beiden Haltungen, je nach Bedarf.

Die auf der E-Gitarre verbreiteten Fingersätze mit 3 Noten pro Saite, die auf einer Saite teils auch 5 Bünde umfassen (3 Töne jeweils im Ganztonabstand), erfordern eine gewisse „Spreizung" der Greifhand. Wie bringt man also am einfachsten Abstand zwischen seine Fingerspitzen?

Intuitiv, *falsch* und „zweidimensional", an bloß 2 Achsen, also an Saiten und Bünden entlang gedacht, neigt man leider dazu, von der sogenannten Grundhaltung[11] ausgehend, folgenden Fehler zu machen: Während alle übrigen Finger bleiben, wo sie sind, wird einer der äußeren einen Bund weiter gesetzt. Es wird also lediglich ein Finger seitlich zu den übrigen weggestreckt. Man verspürt eine gewisse Spannung. Dies ist die anstrengendste Art, einen größeren Abstand zwischen die Fingerspitzen zu bringen, siehe Abbildungen 10 und 11: Falsches Prinzip!

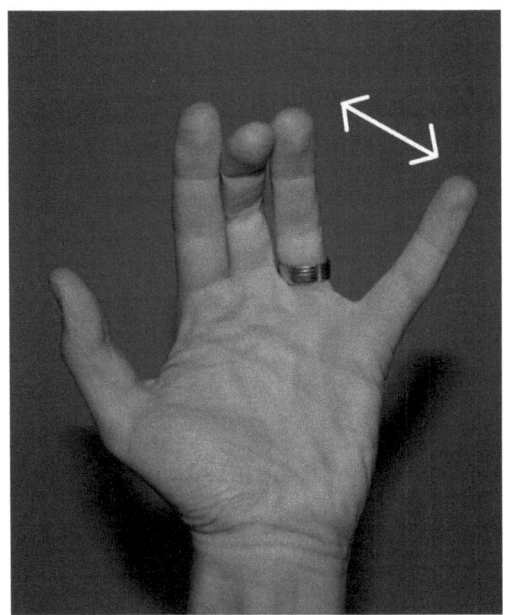
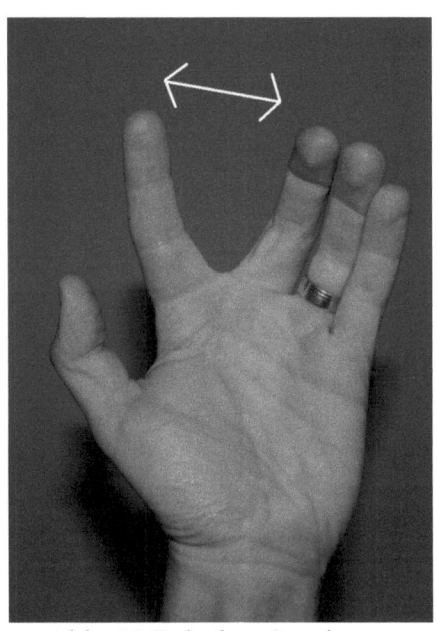

Abb. 10 Falsches Spreizen   Abb. 11 Falsches Spreizen

---

9 vgl. Fischer, Peter: Rock Guitar Secrets. AMA-Verlag 1992, S. 30.

10 Die hier oft genannten Gitarristen Howe, Gambale, Batio und Morse ziehe ich als Beispiele heran, da sie jeweils in verschiedener Weise extreme Vertreter bestimmter Techniken sind, die mit der hier beschriebenen Haltung alle gleichermaßen möglich sind (anspruchsvolle Fingersätze, Crosspicking etc.)

11 Als einer Art „Grundhaltung" wird in manchen Gitarrenschulen, oder auch auf: de.wikibooks.org/wiki/Gitarre:_Grundhaltung_der_Gitarre folgendes dargestellt: Zeigefinger, Mittelfinger, Ringfinger, kleiner Finger liegen nebeneinander im 7.,8.,9.,10. Bund auf der g-Saite. Nützlich wird dieser Begriff, wenn man ihn zum Abgrenzen von anderen Spielsituationen oder für Vergleiche nutzt, dagegen sehr problematisch, wenn man ihn als Ideal verabsolutiert, an dem man in anderen Spielsituationen 'hängen bleibt' und nur möglichst wenig verändert.

Wieso diese Art zu spreizen ungünstig ist, merkt man, wenn man mit einer Haltung wie in Abb. 10 oder Abb. 11 die Finger und den Daumen krümmt: Die Fingerspitzen, zwischen die man doch einen größeren Abstand bringen wollte, nähern sich einander wieder an! Auseinander halten kann man sie dann nur noch mit extremer Anspannung.

Als *Lösungsansatz* dieses Problems möchte ich vorschlagen, die Aufgabe der „Fingerspreizung" dreidimensional zu betrachten. Dann gibt es wesentlich entspanntere Möglichkeiten, Abstand zwischen die Fingerspitzen zu bringen:

 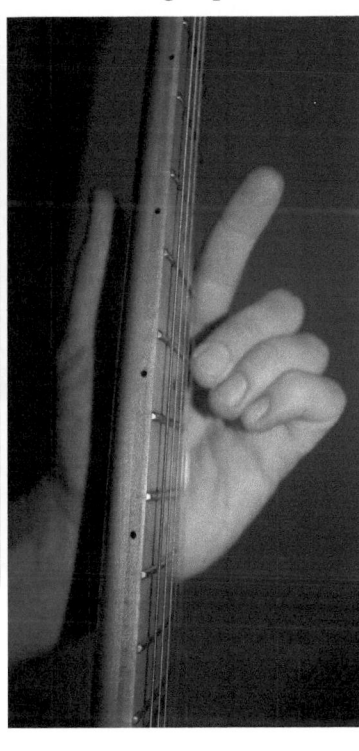 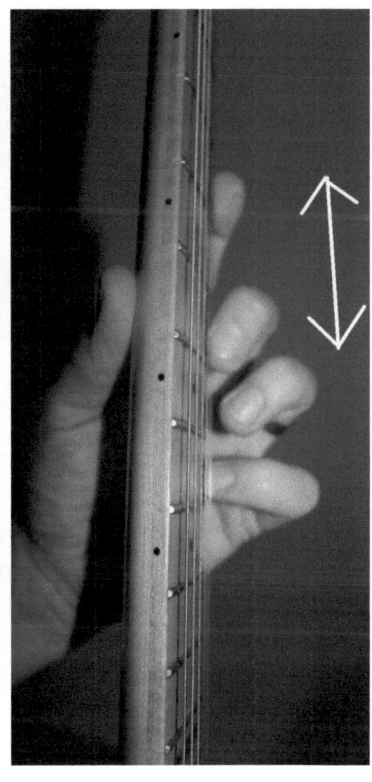

Abb. 12 Abb. 13 Abb. 14
„Zeigehand" Übertragung auf das... ...Griffbrett

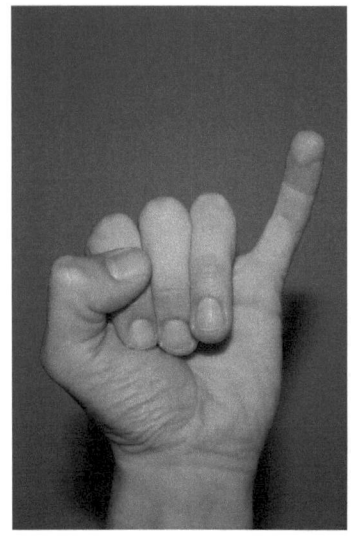 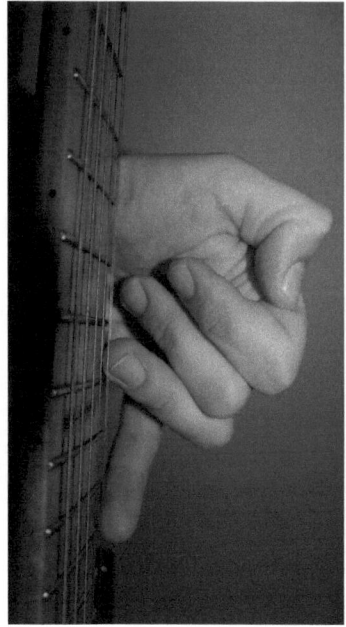 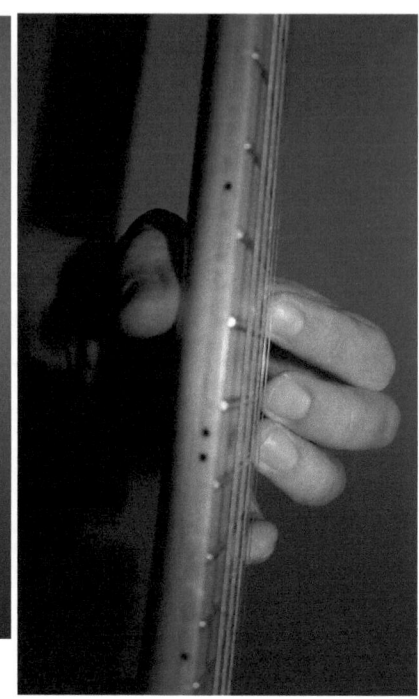

Abb. 15 Abb. 16 Abb. 17

Faust mit ausgestrecktem kleinem
Finger: Einfachstes Vergrößern des
Abstands zwischen KF und RF.

Um diese Haltungen ansatzweise auf das Griffbrett zu übertragen, ist natürlich noch eine
gewisse Feineinstellung der Hand erforderlich, und eine jeweilige Neigung der Hand
und des Armes. Bei der „Zeigehand" (Abb. 12 - 14) neigt sich der Arm mit dem
Ellbogen zum eigenen Bauch-/ Brustbereich hin. Bei der Faust mit ausgestrecktem
kleinem Finger (Abb. 15 - 17) entfernt sich der Ellbogen von Brust und Bauch und hebt
sich der Oberarm. Solche Armbewegungen werden im folgenden Kapitel praktisch
erprobt.

Die beiden Haltungen bieten entsprechend verschiedene Vor- und Nachteile:

Zeigefinger gespreizt (Abb. 12-14)	Vorteil	Nachteil
'Schwacher Finger'	Nur 1 'schwacher' Finger (ZF)	schwach greifender Zeigefinger, kann nicht so gut Hammer-on / Pull-off-Bindungen spielen
Tiefe Lage	Geht gut	
Hohe Lage		Klappt nicht so gut weil Ellbogen keinen Platz mehr hat

Kleiner Finger gespreizt (Abb. 15-17)	Vorteil	Nachteil
'Schwache Finger'		schwach greifender kleiner Finger und Ringfinger, kann nicht so gut Hammer-on / Pull-off-Bindungen spielen
Tiefe Lage		Geht nicht so gut, weil man den Arm nicht so weit von sich weg bringen kann
Hohe Lage	Geht gut, Ellbogen und Arm haben Platz.	

So erscheint grundsätzlich der Fingersatz für 3 Töne im Ganztonabstand mit Zeigefinger-Mittelfinger-kleinem Finger in niedrigen Lagen und bei Hammer-on / Pull-off-Phrasen geeigneter. Beim Picking in hohen Lagen ist Zeigefinger-Ringfinger-kleiner Finger deutlich einfacher.

Zur praktischen Anwendung der Armbewegungen kommen wir nun im folgenden Kapitel.

3. Was braucht meine Hand? Übunungen auf einer Saite mit Lagenwechsel

Sowohl bei Tonfolgen entlang einer Saite, als auch bei Saitenwechseln ist stets wichtig, dass der Arm (und damit auch minimale Bewegungen des Rumpfes / der Schultern) die Finger dort hin bringt, wo sie greifen sollen. Dieser Gedanke ist völlig üblich im Bereich modernen klassischen Gitarrenunterrichts, dagegen in Unterrichtsmedien für E-Gitarre bislang kaum zu finden. Der bekannte klassische Gitarrist Hubert Käppel beschreibt diese Zusammenhänge, bei denen besonders der Arm, aber auch die Schultern beteiligt sind, in seiner 'Bible Of Classical Guitar Technique' als 'Shoulder-Arm-Hand System'.[12] Es betrifft sowohl Lagen- als auch Saitenwechsel.

Bezüglich der Fingerposition zu den Saiten zeigen sich folgende, wichtige Zusammenhänge:

- Bewegt man den Ellbogen des linken Arms vom Körper weg, nähert sich der kleine Finger den Saiten, der Zeigefinger entfernt sich. (Abb. 18, hilfreich z.B. für Fingersatz 1 – 3 – 4 mit Spreizung über 5 Bünde, siehe Kapitel 2)
- Bewegt man den Ellbogen zum Körper hin, entfernt sich der kleine Finger von den Saiten und der Zeigefinger kommt ihnen näher. Die übrigen Finger folgen entsprechend auf Positionen zwischen den äußeren Extremen. (Abb. 19, nützlich z.B. bei Fingersatz 1 – 2 – 4 mit Spreizung über 5 Bünde, siehe Kapitel 2)

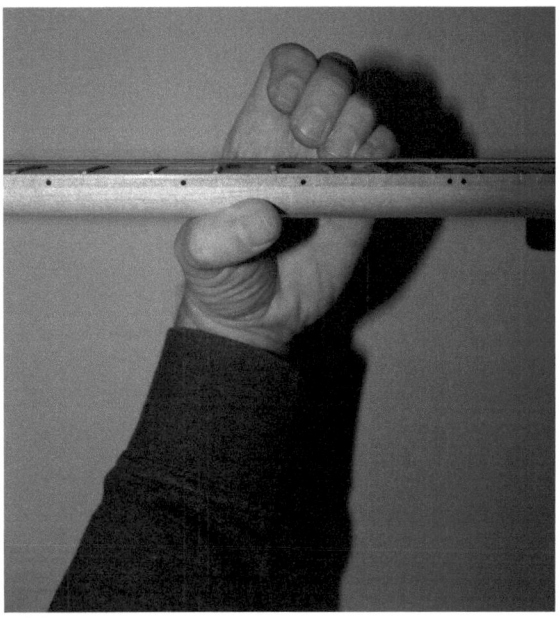 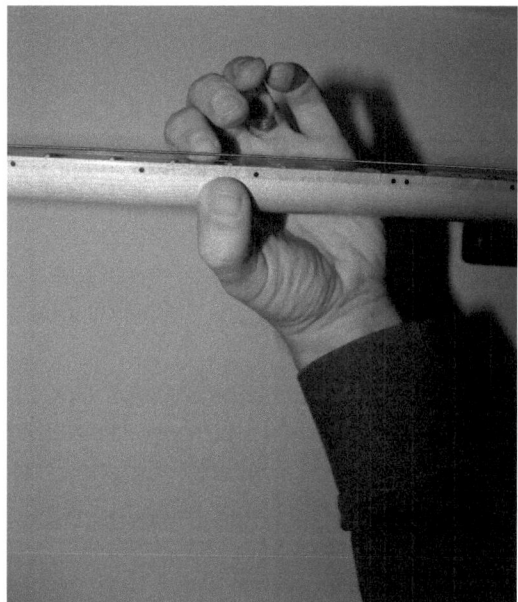

Abb. 18   Abb. 19

Eine Rotation der Hand vom Arm aus wird durch Änderung der Ellbogenposition mit bewirkt, denn das Handgelenk sollte keinesfalls selbst 'bis zum Anschlag' rotiert werden.

---

12 Käppel, Hubert: The Bible Of Classical Guitar Technique. AMA-Verlag 2016, S. 28 ff.

Sie ist je nach Spielsituation anzupassen, um die Finger nahe an ihren nächsten Einsatzort zu bringen. Sie wird folgendermaßen bewirkt:

- Entfernt man den Ellbogen vom Brustkorb, bewegt ihn also nach links und zieht ihn dabei ein wenig nach hinten, entfernt sich auch der kleine Finger von den Basssaiten, nähert sich den Diskantsaiten und der Zeigefinger kommt den Basssaiten näher. Für diese Unterstützung durch den Arm ist eine hoch hängende Gitarre wichtig, und ein schräg nach oben zeigender Gitarrenhals (Abb. 20)
- Nähert man den Ellbogen dem eigenen Körper und bewegt ihn dabei ein wenig nach vorne, (Abb. 21) dann kommt der kleine Finger den Basssaiten näher. Der Zeigefinger nähert sich den Diskantsaiten.

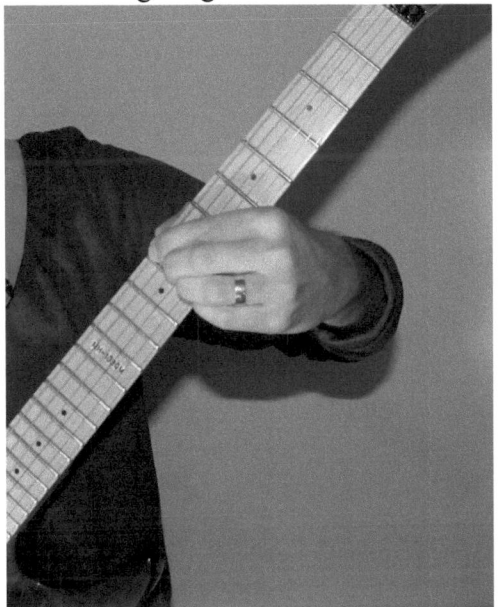 

Abb. 20   Abb. 21

Ideal ist nun, den Arm jeweils so einzustellen, dass die Fingerspitzen den Positionen, an denen sie greifen sollen, beinahe gleich nahe sind. (Anstatt dass der ZF die Saite bereits berührt, während der MF mehrere Zentimeter darüber oder daneben „in der Luft hängt".)

An folgendem Beispiel kann der Leser sich das Prinzip der Armbewegung bei Lagenwechseln auf einer Saite bewusst machen (siehe Abbildungen 22-24):

1. Takt: Ellbogen und Oberarm <u>sehr nahe</u> am Körper (bei Fingersatz 1 – 2 – 4)
2. Takt: Ellbogen und Oberarm <u>entfernt</u> sich ein wenig vom Körper
3. Takt: Ellbogen und Oberarm <u>sehr nahe</u> am Körper (bei Fingersatz 1 – 2 – 4)
4. Takt: Ellbogen und Oberarm <u>entfernt</u> vom Körper
5. Takt: Ellbogen und Oberarm <u>sehr nahe</u> am Körper (bereit, in dieser Lage weiter zu spielen)

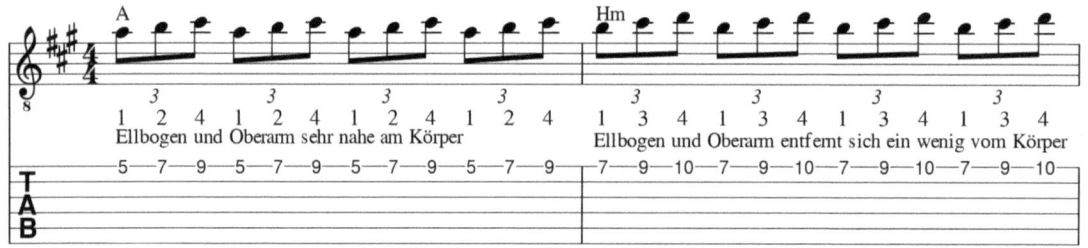

Übung: Armbewegung beim Spiel auf einer Saite

Abb. 22: Takte 1, 3 und 5
Arm nah am Körper

Abb. 23: Takt 2
Arm ein wenig entfernt

Abb. 24: Takt 4
Arm weiter entfernt

Die Armbewegung wird letztlich auch durch Schulter-, Rücken- und Rumpfbewegung erleichtert: Diskantsaiten werden einfacher erreichbar bei verhältnismäßig leicht gedrehtem Schultergürtel, sodass die rechte Schulter etwas nach vorne und unten, und die linke Schulter etwas nach hinten bewegt wird. So gelangen sowohl Finger der LH, als auch die RH (!) leichter an diese Saiten. Umgekehrt gilt für die Basssaiten: Leichte Drehung des Schultergürtels, sodass die linke Schulter nach vorne, und die rechte nach hinten bewegt wird. So werden die beschriebenen Armbewegungen noch unterstützt.

Derartige Armbewegungen und sogar Schulter-/Rumpfbewegungen sind sinnvoller Weise bei Stücken, die man auf der Gitarre lernt, *als Teil des zu lernenden Bewegungsablaufs einzuplanen*, und beim Üben zu verfeinern. Sie sind oft die Bedingung dafür, dass man überhaupt bestimmte Töne im Tempo erreicht.

Ein wichtiger Trick: *Verkürzen der Note vor Lagenwechsel / Haltungswechsel*

Beim Lagenwechsel (dem Verschieben der Hand entlang des Gitarrenhalses) ist es meist erforderlich, den Ton vor dem Lagenwechsel bewusst zu verkürzen, und sich mit Arm / Hand so früher auf den Weg zu machen zum nächsten Ton. Man plant also z. B. statt einer Achtelnote nur eine Sechzehntel zu spielen, und nutzt die anschließende Pause zum Lagenwechsel. Unbetont gespielt und in höherem Tempo fällt dies beim Hören nicht mehr auf.

Dies gilt auch für manche Bewegungen innerhalb einer Lage verbunden mit Wechseln der Daumenposition, wenn die Tonfolge hierdurch leichter spielbar wird (Beispiel: Kapitel 6).

Wichtig: **Auf das Lösen der Finger achten, deren Ton bereits beendet ist.** Also im ersten Takt ZF etwas lockern, wenn MF greift, MF lösen, wenn KF greift. Kleine Ausnahme: In Spielsituationen wie in unserer Übung ist es angenehm, den ZF – wenn auch mit vermindertem Druck – liegen zu lassen, solange man in einer Lage bleibt, da es eher anstrengen würde, ihn hoch zu heben. Für die Lagenwechsel, die in unserer Übung jeweils von einem Takt zum nächsten erfolgen, wird der ZF jedoch leicht angehoben, berührt aber auch beim Wechsel weiterhin die Saite.

4. Was braucht meine linke Hand beim Saitenwechsel? Übung 'Shredding'-Sequenz'

Vorweg ein paar Anmerkungen zum Thema 'Dämpfen':
Gerade mit starker Verzerrung ist es bei der E-Gitarre oft erforderlich, unerwünschte Saiten abzudämpfen, die sonst wegen leichter Berührung oder angeregt durch die Schwingung anderer Saiten, mitschwingen und stören. Ich plädiere dafür, einer leichten, agilen Technik Vorrang einzuräumen, statt dass man sich zuerst mit Abdämpfen befasst, und so richtige, effektive Bewegungsabläufe blockiert. 'Nebenbei' sollte man eher darauf achten, ob die LH die vom gegriffenen Ton aus 'höheren' Saiten, also in Richtung der Diskantsaiten dämpfen kann, und es, wenn es sich ohnehin durch einen leicht aufliegenden Zeigefinger ergibt, tun. Umgekehrt kann die RH v. a. die jeweils tieferen Saiten (Richtung Basssaiten) mit dem Handballen abdämpfen. Aber gerade hier sollte zunächst eine lockere Anschlagsbewegung erlernt werden. Der Handballen kann 'nebenbei' auf diesen Saiten ruhen, wenn es nicht die Anschlagsbewegung stört. Wenn doch, kann man immer noch im Nachhinein überprüfen, wie sich die Hand mitsamt funktionierender Anschlagstechnik zusätzlich als 'Dämpfungsapparat' einsetzen lässt.

Nun zum eigentlichen Anliegen dieses Kapitels:

Zwei Bewegungsformen und deren Kombination haben sich im Bereich der klassischen Gitarrentechnik für *Saitenwechsel* etabliert, und funktionieren auch gut auf der E-Gitarre:

a) Bewegung des Ellbogens und Armes
b) 3 Daumenpositionen – jeweils eine für E- und A-Saite, eine für d- und g-Saite, eine für h-und e'-   Saite (Abb. 28 – 30)

Sie finden bei folgender Übung (Abb. 25) ihre Anwendung, die im Kapitel 8 zum Thema Highspeed Alternate Picking übrigens noch einmal für die rechte Hand aufgegriffen wird:

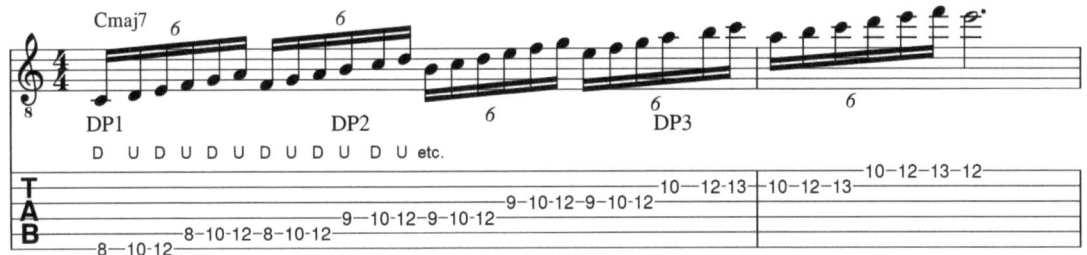

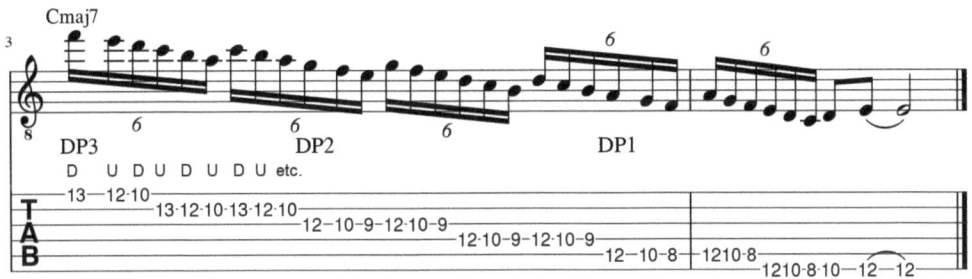

Abb. 25 Übung 'Shredding-Sequenz'

Die Bewegungen des Ellbogens und Armes (a) können wir ausprobieren, indem wir alle vier Finger der linken Hand abwechselnd auf der e'-Saite und der E-Saite im fünften bis achten Bund greifen lassen. Der Arm bringt sie dazu sowohl über die Saite, als auch in einen gleichen Abstand (vgl. vorheriges Kapitel 3)

Abb. 26 – Arm weg vom Körper

Abb. 27 – Arm nahe am Körper

Die Daumenpositionen (b) sind ein vielfach gut funktionierender Orientierungspunkt, und an Phrasen, die sich der Reihe nach über alle 6 Saiten erstrecken, orientiert. Von daher kann es in manchen anderen Situationen, wie z. B. einer Phrase, die nur drei nebeneinander liegende Saiten betrifft, durchaus sinnvoller sein, eine mittlere Daumenposition zu finden, die beibehalten werden kann. In anderen Fällen, wie z. B. beim Greifen von Ringfinger und kleinem Finger nacheinander im selben Bund auf unterschiedlichen Saiten, sind winzige Änderungen der Daumenposition erforderlich. Sie liegen zwischen den 'groben' drei Positionen.

In der folgenden Übung kommen zusätzlich zu den Armbewegungen die drei <u>Daumenpositionen</u> zum Zuge, und ermöglichen leichte, stabile Positionierung der Finger auf den Saiten.

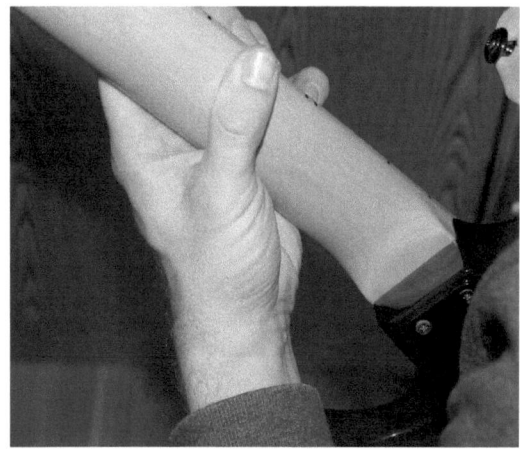

Abb. 28: DP1

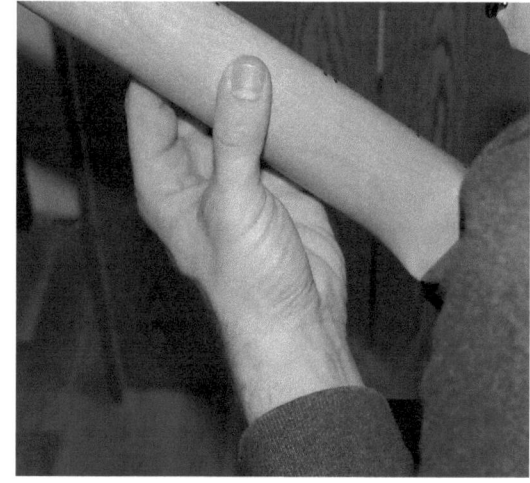

Abb. 29: DP2

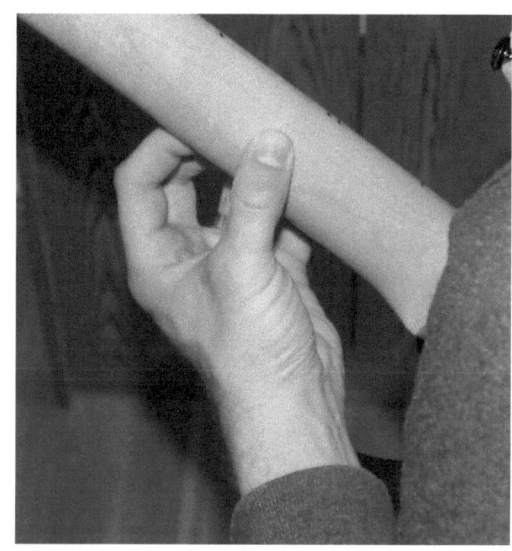

Abb. 30: DP3

Daumenpositionierung:

DP1: Der Daumen liegt dazu anfangs locker während des Spielens der ersten beiden Saiten in deren Nähe mit der Daumenspitze im oberen Bereich der Rückseite des Halses.

DP2: Der Daumen wird unmittelbar vor dem Wechsel zur d-Saite sofort gelöst, legt sich auf eine Position in Mitten der oberen Hälfte der Halsrückseite).

DP3: Der Daumen löst sich vor dem Wechsel zur h-Saite und liegt zuletzt weiter unten, in etwa auf der Mitte der Halsrückseite, jedoch nur so weit, dass er nicht durchgedrückt oder nach hinten geknickt werden muss. Er sollte stets in einer bequemen Bogenform am Hals anliegen. Der selbe Ablauf erfolgt rückwärts, wenn die Tonleiter abwärts gespielt wird.

Insgesamt sollte man dabei darauf achten, den Daumen nicht durchzudrücken, sondern leicht bogenförmig zu lassen, und ansonsten auch der Hand keine 'Extremposition' zuzumuten, in der irgend ein Gelenk 'nicht weiter könnte'. Der Daumen liegt nur leicht auf, nie mit angestrengtem Druck.

Finger der LH:

> **Stets gilt für die LH:** Die Finger sollten nicht unnötig weit von den Saiten entfernt werden, sondern vielmehr **stets möglichst nahe an ihrem nächsten Einsatzort** (im Rahme der aktuellen Lage / Daumenposition) sein. Möglichst nahe meint: Ohne große Anspannung, schließlich erfolgt dann noch Unterstützung durch Arm, Lagen- bzw. Daumenpositionswechsel.

Armbewegung:

Dabei führt der Arm die Hand über die 3 verschiedenen Lagen (Zeigefingerpositionen im 7., 8. und 9. Bund): Ellbogen anfangs tief und nahe am Körper, bewegt sich dann zugleich vom Körper weg und in die Höhe. Der selbe Ablauf erfolgt rückwärts, wenn die Tonleiter abwärts gespielt wird.

Auf den einzelnen Saiten erfolgt ebenfalls eine sich jeweils ähnlich wiederholende kleine Bewegung:
Der Arm sorgt für die Nähe der Fingerspitzen zu den Saiten, sodass ein stabiles, leichtes Greifen mittels Bewegung des Fingergrundgelenks möglich ist, ohne Kraftanstrengung an den übrigen Fingergelenken zum Niederdrücken der Saite zu benötigen. (Sie übernehmen eher die Feineinstellung der 'Bogenform'.) *Die Haltung des Armes gleicht auch den Längenunterschied zwischen KF und RF aus, bringt die Spitze des KF genauso nah an die Saite wie die des RF!*

Da wir hier mit 3 Daumenpositionen arbeiten, ergibt sich jeweils *innerhalb einer Daumenposition (also jeweils über 2 Saiten) eine ähnliche Bewegung*: Aufwärts (Takt1, Wechsel von E-Saite zu A-Saite) ist der Ellbogen zunächst etwas näher am Körper, entfernt sich dann aber zur Annäherung des kleinen Fingers an die E-Saite, verbleibt in etwa so für den Wechsel zur A-Saite, während der Daumen liegen bleibt. Entsprechend funktioniert die Bewegung für die übrigen Saitenpaare / Daumenpositionen.

Es lassen sich also keine 'absolut' gültigen Positionen des Armes und des Daumens angeben, da diese beiden sowohl wechselseitig von einander abhängen, als auch von den vorher und nachher zu spielenden Tönen. Bei einer Tonleiter über alle 6 Saiten sind in der Regel 3 Positionen sinnvoll, bei komplexeren Licks können es auch andere, teils auch mehrere sein.

> Kriterium für die Notwendigkeit eines Positionswechsels des Daumens ist auf jeden Fall, wenn (nur) er stabilen und zugleich möglichst entspannten Fingeraufsatz ermöglicht.

Beim Üben kann folgende Tabelle zum Abhaken helfen, sich an alle wichtigen Punkte zu erinnern. Man sollte jeweils einem Aspekt pro Durchlauf seine Aufmerksamkeit schenken und entsprechend daran arbeiten, falls nötig. Dies gilt für jedes Mal, das man daran übt.

Aufmerksamkeit beim Üben auf:	...erledigt:
Armbewegung (Schultern, Rumpf bewegen sich auch mit)	
Daumenpositionen und -lockerheit	
Passende Rotationseinstellung der Hand durch Arm / Ellbogenpositionierung	
Noten verkürzen vor Lagenwechsel	
Stabile Fingeraufstellung (bedingt durch obenstehende Punkte)	

5. Haltungswechsel innerhalb eines Arpeggios über 6 Saiten (Sweeping-Fingersatz)

Die folgende Übung basiert auf einem für Frank Gambale typischen, recht anspruchsvollen (aber optimalen!) Fingersatz[13], der durchgängiges Sweeping (='Speedpicking') ermöglicht. Zur Sweeppickingtechnik der RH siehe Kapitel 11. Auch für nicht an Sweeping Interessierte ist dies eine sinnvolle Übung zum Umgang mit komplexen Herausforderungen für die linke Hand, wenn auch in langsamerem Tempo, um die Bewegungen des Rollens / Teilbarré und der Rotation der Hand / des Armes beim Arpeggio zu begreifen, die nur an dieser Stelle im Heft in dieser Deutlichkeit dargestellt werden.

C#maj7

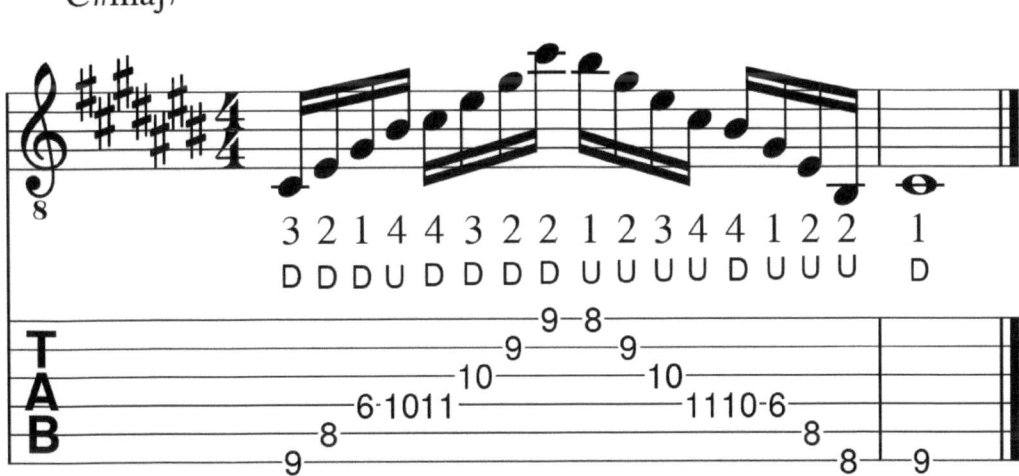

Abb. 31: C#maj7-Arpeggio mit Sweeping-Fingersatz

Diese Arpeggio-Übung kombiniert mehrere Techniken, die in den vorangegangenen Kapiteln dargestellt wurden: Armneigung für leichte 'Spreizung', verschiedene Daumenpositionen, Armbewegung zwecks Saitenwechsel. Diese Techniken sollte man sich auf jeden Fall mit Hilfe der vorhergehenden Kapitel separat bewusst machen, bevor man an der folgenden Arpeggioübung arbeitet. Hinzu kommt: Armbewegung beim Teilbarré bzw. 'Rollen' des Zeigefingers oder Mittelfingers der LH über mehrere Saiten.

Zur Besseren Übersichtlichkeit ist das Arpeggio in 'Abschnitte' unterteilt, innerhalb derer jedoch die Finger der Reihe nach einzeln aufzusetzen und zu lösen sind. Dabei ist in diesem Falle nötig, dass der Arm den Fingeraufsatz unterstützt, indem er durch eine kleine Bewegung entlang dem Gitarrenhals jeden einzelnen Finger an seinen Bund bringt. So müssen die Finger nicht in einer 'starren Spreizhaltung' gehalten werden. Vielmehr nehmen sie in komfortablem Maße eine Haltung ein, die den nächsten zu greifenden Tönen nahe kommt. Den Rest erledigt der Arm, wobei der Daumen liegen

---

13 Frank Gambale zeigt seine Fingersätze z. B. in 'Monster Licks & Speed Picking', Alfred Publishing Co., Inc. 1988, 2002, 2005. Erstaunlich ist, wie sehr ein passender Fingersatz hier Erfolgsbedingung ist. Kleinste Abweichungen können z. B. dieses Arpeggio bereits unspielbar in hohen Tempi machen.

bleibt. Hieraus resultiert eine kleine Drehung um den Punkt, an dem der Daumen am Hals aufliegt. Dies wird anhand des ersten Abschnitts in drei Bildern deutlich gemacht:

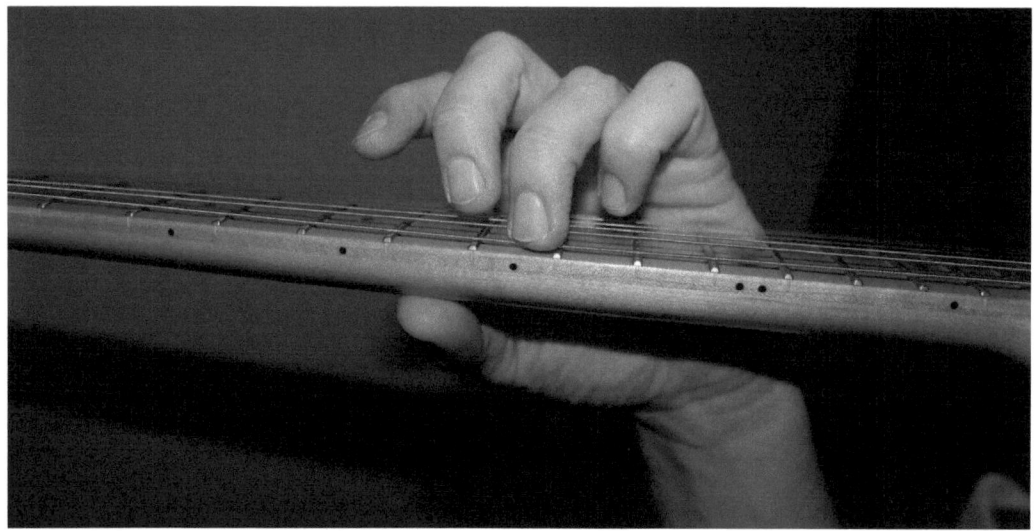

Abb. 32: Erste Note, MF und KF noch nicht über ihren Bünden, aber vorbereitet

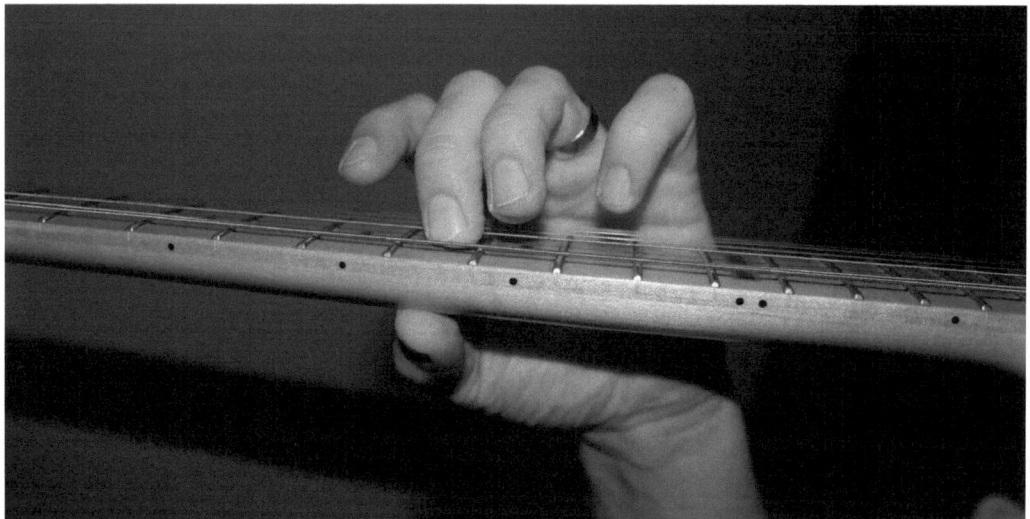

Abb. 33: Daumen bleibt auf Position aber beugt sich mit Armbewegung, sodass MF an Bund kommt.

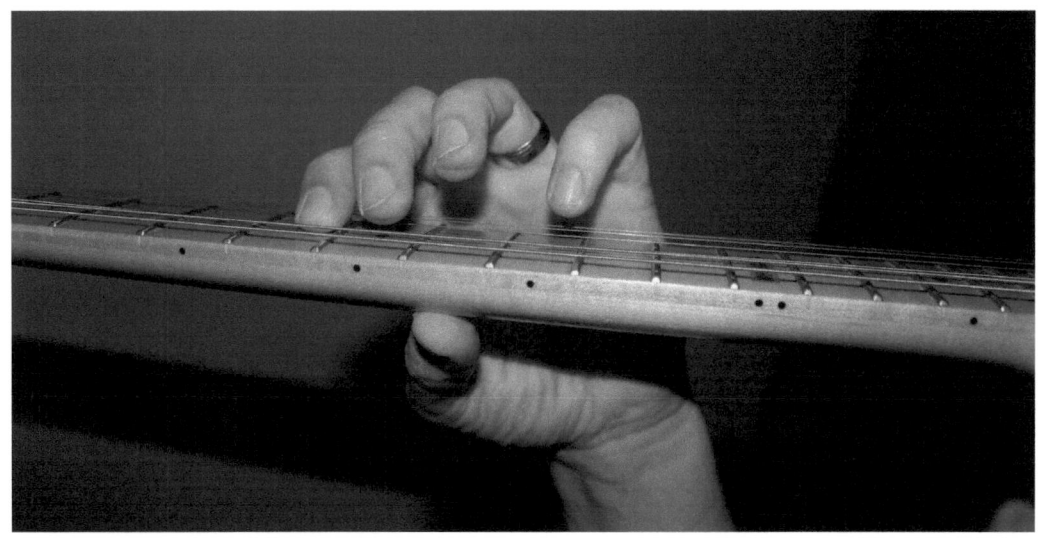

Abb. 34: Dritter Ton, Daumen weiter gebeugt. KF vorbereitet.

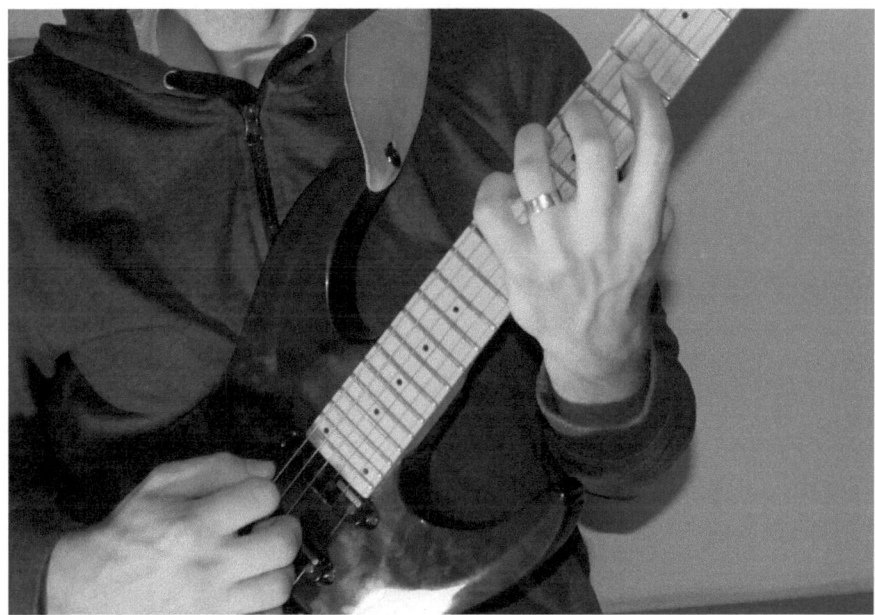

Abb. 35 (Haltung zu Beginn, leicht rotierte Hand, sodass ZF, MF und RF
bereits beinahe über den passenden Saiten sind.)

Abschnitt 1 (Abb. 32 – 34 und Abb. 35)

LH-Daumenposition: Unter 8. Bund, quasi gegenüber dem Mittelfinger. Ellbogen tief,
sehr nahe am Körper. Bewegt sich für folgende Töne (eis, gis) seitlich vom Körper weg,
kehrt dann ein kleines Stück zurück, näher an den Körper für den vierten Ton, his.
Anschließend löst sich der Daumen. Kleiner Fingeraufsatz eher steil, stabil, bereit für
Lagenwechsel. Der Ton des kleinen Fingers wird verkürzt gespielt, er löst sich also
früher von der Saite, damit der folgende Lagenwechsel bereits beginnen kann.

Insgesamt ist die Hand leicht rotiert, sodass die Fingerspitzen schon fast über den Saiten stehen, auf denen sie dann gebraucht werden. (Anfangs RF: E-Saite, MF: A-Saite, ZF: d-Saite).

Abschnitt 2:

Der Daumen nimmt hierfür eine neue Position ein, ein wenig weiter rechts, ungefähr unterhalb des Bereichs des 9. Bundes. Der 5. Ton des Arpeggios, das cis, wird nun ebenfalls vom kleinen Finger gegriffen. Dieser muss sich vorher in einer stabilen (eher steil aufgesetzten) Haltung befunden haben, sodass nun in den nächsten Bund gewechselt werden kann. Dieser Wechsel wird zusätzlich erleichtert durch ein Heben des KF, sodass dieser die Saite zwar noch berührt, aber nicht mehr nieder drückt. So wird in den nächsten Bund gerutscht, und erst dort, am Zielpunkt angelangt, wieder gegriffen.

Die folgenden Töne werden von einer Bewegung des Arms begleitet, die nach und nach pro Ton /Saite den Ellbogen weiter ein gutes Stück nach hinten und ein wenig vom Körper weg nach links bringt, und damit die Fingerspitzen jeweils an ihre Saite. Diese Bewegung erreicht ihren Extrempunkt mit dem Abrollen des ZF von der h- auf die e-Saite. Fingerspitze auf h-Saite, anschließend wird erst abgerollt auf die e-Saite, sodass quasi ein Teilbarré zustande kommt, wobei mit dem Abrollen auf die e-Saite der Druck auf die h-Saite so weit gelockert wird, dass diese nicht weiter klingt.

Nicht direkt Barré über beide Saiten greifen, da dies – in diesem Falle – aufwendiger wäre. (Abb. 36)

Abb. 36: Abrollen von h- auf e'-Saite. Ellbogen hier zur Seite und nach hinten.

Abschnitt 3:

Wie Abschnitt 2, nur rückwärts.

Abschnitt 4:

Wie Abschnitt 1, nur rückwärts. Ausnahme: Für den Teilbarrégriff am Ende ist eine frühzeitige Armpositionierung nahe am Körper wichtig, da sie den Griff erleichtert. Aufgrund der Spielrichtung erfolgt er direkt als Barré. Ihn aufzulösen, um die E-Saite anschließend alleine zu greifen, kostet etwas Kraft, ich rate davon ab, da es kaum auffällt. Bleibt er liegen, so ist außerdem praktischer Weise der RF direkt in Position, um wieder das cis zu spielen.

6. Komplexe Linien – Aufteilen in leichte Bestandteile

Wir befassen uns in diesem Kapitel mit einem Lick, das auf Alternate Picking in der Variante 'Crosspicking' (siehe Kapitel 10, Crosspicking insbesondere wegen Takt 2, Zählzeiten 3 und 4) ausgelegt ist (Abbildung 37). In diesem Kapitel wird lediglich die LH behandelt. Es handelt sich bei diesem Lick um ein gutes Beispiel für die Erfordernis vielfachen Wechsels der Daumenposition, mehrerer Armbewegungen, Verkürzungen von Noten vor Lagen- oder Haltungswechseln. Aufgrund dieser Vielfalt technischer Herausforderungen liegt nahe, dieses Lick in kleine Abschnitte zu unterteilen, die man leicht beherrschen lernt. Siehe hierzu Kapitel 14 'Üben'. Nach und nach setzt man dann mehrere beherrschte Abschnitte zusammen. Einmal verstanden, lassen sich die verschiedenen Bewegungsdetails leicht und *ohne* derartig aufwendige sprachliche Beschreibungen auf neue Licks übertragen. Stilistisch ist das Lick im Jazz angesiedelt, Teile hiervon lassen sich aber auch gut anderweitig, etwa im Hard-Rock oder Metal einsetzen, z. B. der erste Takt. Dieses Lick vereint spieltechnische Anforderungen in der in diesem Heft komplexesten und subtilsten Weise. Auf jeden Fall sollten die vorhergehenden Kapitel verinnerlicht werden, bevor man dieses Lick trainiert. In diesem Sinne wird nun v. a. auf neue Details und besonders wichtige Aspekte eingegangen, weniger auf Altbekanntes. Anfangs sind langsame Übetempi empfehlenswert, mit Übung sind längerfristig 120 bpm gut machbar. Leider kann dem Heft in dieser Ausgabe keine Audioaufnahme beigelegt werden. Wer Interesse an technisch ähnlichen Licks mit Audios hat, kann in Michael Sagmeisters 'Jazzgitarre' (AMA-Verlag) oder - teils technisch leichter aber genauso 'authentisch' klingend - Yoichi Arakawa: Jazz Riffs (Cherry Lane Music) fündig werden. Überhaupt ist es empfehlenswert, nach einem gewissen Erfolg im Üben an einem Lick (z.B.: Tempo 110 bpm erreicht) an anderen, ähnlichen Licks weiter zu arbeiten und am besten eigene Licks daraus zu entwickeln. Man 'pflanzt' so quasi den Übungserfolg in neue Licks ein.

Alle als 'verkürzt' angegebenen Sechzehntel werden wirklich nur besonders kurz angedeutet, zugunsten der folgenden Wechsel der Lage oder Daumenposition. Diese

Verkürzung entspricht quasi einem Staccato, was jedoch keinesfalls betont gespielt werden oder zu mehr Spannung im Finger führen darf. Die Verkürzung ist auch im langsamen Tempo so zu üben.

Bei sämtlichen übrigen Lagenwechseln wird stets ein wenig verkürzt, auch wenn es nicht extra angegeben ist (und *keinesfalls* die Hand irgendwie gestreckt als 'Überbrückung' der Lagen, wie es in manchen Situationen auf der klassischen Gitarre geübt wird).

Abschnitt 1 (Takt 1):
- Ellbogen nahe am Körper.
- 1. DP für Spiel über 3 Saiten / erste 6 (4+2) Sechzehntel,
- 2. DP nach Lagenwechsel für folgende 2 Sechzehntel und folgendes Spiel über 3 Saiten / weitere 6 (4+2) Sechzehntel
- 3. DP nach Lagenwechsel, letzte 2 Sechzehntel von Takt 1
- letzte Sechzehntel (e) wird verkürzt.
- Arm / Ellbogen führen LH-Finger über jeweils 3 Saiten innerhalb der ersten, zweiten und vierten DP.
- Wechsel zu Abschnitt 2: 4. DP etwas weiter Richtung Sattel und etwas höher (in Richtung obere Griffbrettkante) (ca. 1-3mm)...

Abschnitt 2 (Takt 2 Zählzeiten 1 und 2)
- Eine einzige 4. DP für 3 Saiten
- Arm / Ellbogen führt für 3. Note (cis) KF näher an das Griffbrett indem der Ellbogen nach links, weg vom Körper bewegt wird, danach wieder zurück, kommt dann für 7. / 8. Note (e / cis) näher an den Körper / ein wenig nach vorne.

Abschnitt 3 (Takt 2 Zählzeiten 3 und 4)
- 5. DP: ZF rollt über e'-, h- und g-Saite der Reihe nach ab, sodass er mit der Spitze auf der g-Saite zuletzt greift.
- Der letzte Ton auf der g-Saite wird verkürzt.
- Anfangs ist der Ellbogen weit oben und hinten. (Erleichtert Barré- und Abrollsituationen)
- Während der folgenden Töne (auch in 6. DP, siehe unten) nähert sich der Ellbogen immer weiter dem Gitarrenkorpus, bewegt sich also nach rechts und nach vorne.
- 6. DP: Weiter in Richtung oberer Griffbrettkante (Basssaiten), zugunsten stabilen Fingeraufsatzes beim ais (MF 8.Bund d-Saite) und der folgenden Töne.

Abschnitt 4 (Takt 3)
- DP bleibt zunächst bei 6. DP (für die ersten drei Sechzehntel)

- Die dritte Sechzehntel wird verkürzt.
- 7. DP: 4. und 5. Sechzehntel, Daumen ein Stück weiter Richtung Sattel. Die zweite Sechzehntel hiervon wird verkürzt.
- 8. DP: Daumen noch weiter Richtung Sattel. ZF rollt sich nach cis auf e-Saite ab (löst cis, sodass es nicht weiter klingt).
- 9. DP: Für das Bending ragt der Daumen deutlich über die Griffbrettkante hinaus, kann dort für die letzten Töne bleiben. Die e-Saite wird mit 1., 2. und 3. Finger zugleich gezogen.

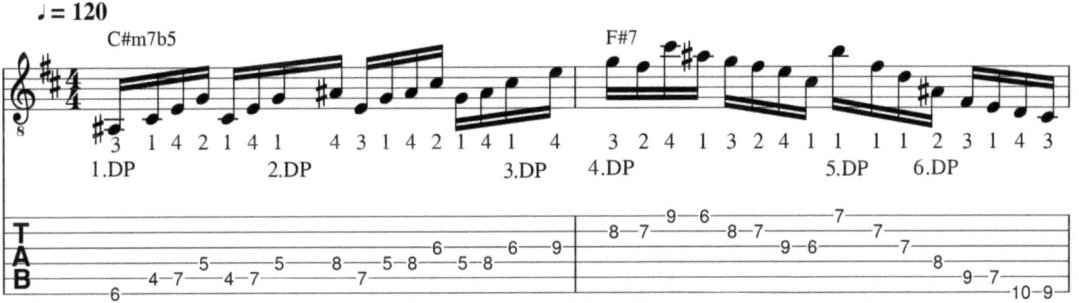

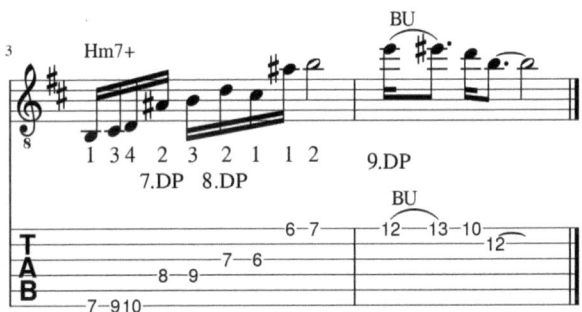

Abb. 37 Jazz Lick in Hm, zu dessen Übungseinteilung siehe auch Kapitel 14

Teil 2: Alternate Picking und Sweeping

7. Varianten des Alternate Picking (Wechselschlag)

Sobald es um Picking geht, stellt sich auch für den ein oder anderen die Frage nach der Haltung und Position des Plektrums in der Hand. Die gute Nachricht vorweg: Verschiedene Wege führen gleichermaßen zum Erfolg. Sehr verbreitet ist die Haltung eher im Bereich der Fingerspitzen des Zeigefingers und des Daumens (Steve Vai, Steve Morse, Greg Howe und andere). Sie funktioniert anscheinend mit vielen Pickingtechniken sehr gut. Gelegentlich sieht man eine Haltung zwischen Daumenspitze und nahe dem äußersten Zeigefingergelenk, etwa bei Frank Gambale.[14] Dies funktioniert nicht nur beim Sweeping, erfahrungsgemäß klappt auch Crosspicking mit Zeigefinger+Daumen-Aktivität sehr gut mit dieser Haltung. Ich persönlich bevorzuge letztere, wie auf manchen Fotos zu sehen ist. Die erstgenannte dürfte aber die häufiger genutzte sein. Ich empfinde die 'Gambale'-Haltung in Kombination mit kleinem, spitzem und relativ dickem Plektrum (Dunlop Jazz III) als als vorteilhaft, um mit wenig Mühe Ton mit wenig Geräuschanteilen zu produzieren, sowie für einen möglichst vollen Ton und definierten Anschlag beim Sweeping.

In manchen (älteren) Büchern wird Alternate Picking (=Wechselschlag mit Plektrum) als bloße Folge von Auf- und Abwärtsbewegungen dargestellt, bzw. nicht erläutert, welche Bewegungsanteile außerdem noch dazu gehören. Je nach Spielsituation passt das zwar ansatzweise, bei Licks wie dem im letzten Kapitel behandelten Jazzlick und bei Arpeggien jedoch nicht. Es lassen sich zwei Formen des Alternate Pickings unterscheiden: „Picking across the strings" (Zitat Steve Morse)[15], kurz: Crosspicking und 'klassisches' Alternate Picking (Hin-und Herbewegung), ich nenne es im folgenden 'Highspeed Alternate Picking'. *Crosspicking bietet mehr Flexibilität*: Es lassen sich hiermit Arpeggien und komplexe, unregelmäßige Licks mit mehrfach 1 Note pro Saite in Folge am besten spielen. Hiermit sind durchaus auch beträchtliche Tempi spielbar, z. B. Sechzehntelläufe mit Arpeggien bei 140 bpm sind mit einiger Übung gut machbar. Steve Morse und einige Fusion- und Jazzgitarristen benutzen diese Technik und erreichen sogar noch deutlich höhere Tempi. *'Highspeed Alternate Picking'* ist demgegenüber eingeschränkter bezüglich der Anordnung der Töne, ermöglicht aber *noch schnelleres Auf- und Abspielen von Tonleitern*. Die zuvor genannten Arpeggien oder teils auch die Jazzlicks (das Lick aus Kapitel 6, 1-Note-pro-Saite in Takt 2!) sind

---

14 Sichtbar in verschiedenen Videos mit Frank Gambale, beispielsweise in Troy Gradys Video: Frank Gabale's Cascading Sweep Harmonics, auf: https://youtu.be/GVIw2Fe1RZw, aufgerufen am 27.7.2019.

15 Lehrvideo „Essential Steve Morse", DCI 1991, Kapitel „Picking". Hier macht S. Morse deutlich, dass in seiner Technik die bogenförmige Bewegung, die aufgrund der 'Rotation' mittels des Handgelenks erfolgt, das flüssige Spiel von Arpeggien ermöglicht, wenngleich mit der eher verbreiteten Hin- und Her-Bewegung ein – noch – höheres Tempo möglich wäre, allerdings nur bei dazu passenden Tonfolgen.

hiermit jedoch *nicht* schnell spielbar. Dementsprechend wechselt z. B. Michael Angelo Batio vorwiegend zwischen 'Highspeed-Alternate-Picking' (kleines 'Hin- und Herzittern' des Plektrums) für schnelle Tonleitern einerseits, und dem ebenfalls bezüglich der RH schnelleren *Sweeping* für Arpeggien andererseits (Batio nennt Sweeping übrigens '*Alternative* Picking').[16]

In den folgenden Kapiteln stelle ich Übungen vor, die einen darin unterstützen können, jede dieser Pickingtechniken zu lernen. Zugleich empfehle ich auch, sich mit allen davon zu beschäftigen, da ich selbst die Erfahrung gemacht habe, dass die Arbeit an einer Technik wiederum die anderen Techniken bereichert, einem die Haltung und Bewegung des Plektrums genauer bewusst macht. Außerdem sind diese Techniken letztlich für einen Spieler kombinierbar[17], es ist nicht erforderlich, sich hier 'einer Schule' endgültig zu verschreiben. Dennoch ist naheliegend und möglich, zunächst den eigenen Interessen folgend einzusteigen.

8. Highspeed Alternate Picking 1: Rückblick auf die 'Shredding-Sequenz'

Der Vorteil der in Kapitel 4 zum Thema Saitenwechsel der LH vorgestellten Sequenz für das Picking ist, dass das Pick ständig in der selben Haltung (Winkel, Anschlagsbewegung) gehalten werden kann, ohne an unerwünschten Saiten hängen zu bleiben. Damit kann die Pickingbewegung durch ein winziges hin und her 'Zittern' erfolgen, das v. a. vom Handgelenk ausgeht, aber auch ein wenig vom Unterarm. Diese Sequenz ist damit eine ideale Übung, um *das eigene Höchsttempo über alle 6 Saiten mit möglichst wenig Hindernissen* zu erleben, einfacher als eine Tonleiter auf und ab zu spielen (siehe nächstes Kapitel)! Falls man am Spiel von Arpeggien im Alternate Picking oder an komplexen Jazzlicks interessiert ist, sollte man aber lieber Kapitel 8 und 9 (vorerst) überspringen und direkt mit Kapitel 10 fortfahren. Die in diesem Kapitel folgenden Ausführungen eignen sich in dieser 'reinen Form' eher für das blitzschnelle Tonleiterspiel, nicht für Arpeggien.

Die passende Pickingbewegung zum 'Highspeed Alternate Picking' erlernen und übertragen wir in folgenden Schritten auf die 'Shredding-Sequenz' aus Kapitel 4:

1) Tremolo auf einer Leersaite
2) Achteltriolen auf einer Saite
3) Stets passenden Winkel des Plektrums für Saitenwechsel bei Shreddingsequenz finden
4) Positionierung des Plektrums an der jeweilige Saite mittels des Arms

---

16 Batio, Michael Angelo: Speed Kills. Metal Method 1991, 2012.
17 vgl. Troy Gradys Video 'Martin Miller's 21st-Century Picking Mechanics' auf Youtube. Hier kommt noch wechselnde Positionierung des Plektrums durch Zeigefinger- und Daumenbewegungen hinzu.

Hier noch einmal die Noten der 'Shredding-Sequenz', **beginnen mit Downstroke.**

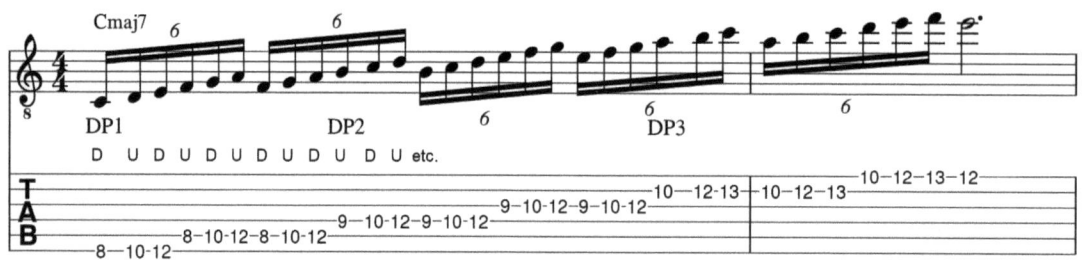

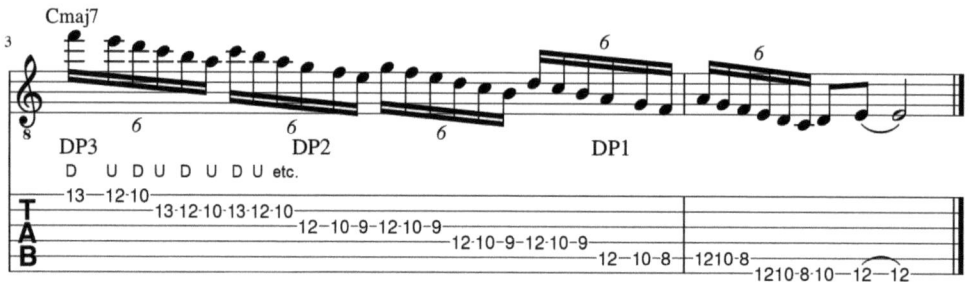

Abb. 38 'Shredding'-Sequenz, Zieltempo ca. 100-110 bpm

Zu 1) Tremolo mit 'Highspeed Alternate Picking':

- Hier sollte man beachten, dass Arm und Handgelenk, jedoch nicht die Finger die Bewegung machen. Die Finger halten das Plektrum nicht verkrampft, sondern stabil und locker.
- Dabei sollten Arm und Handgelenk eine Art 'Zittern' des Plektrums hin und her über die Saite erzeugen.
- Bei diesem 'Zittern' sind größtenteils Handgelenk und minimal auch der Arm aktiv, aber nicht dauerhaft stark anzuspannen. Vielmehr sollte auch hier ein möglichst schnelles An- und Entspannen angestrebt werden. Dazu jeweils im Wechsel ein paar Töne schnell spielen, dann wieder kurz Pause machen.
- Die Spitze des Plektrums taucht nicht tief in die Saiten ein, sondern nur minimal, was einem mehr Kontrolle und weniger Energieaufwand ermöglicht. *Leise schnell* geht erst einmal leichter.
  Ergänzend und in kurzem Abstand abwechselnd in langsamem Tempo *laut* üben, dann wieder leise / schnell probieren.
- Die Finger der RH halten Plektrum leicht federnd, sodass der Anschlag der Saite weniger Kraft braucht, und dem Plektrum mit den Fingern erlaubt wird, etwas von der Spannung der Saite abzufedern. Es bewegt sich somit nicht mehr hundertprozentig auf der gerade Bahn, die der Arm vorgibt. Die Abweichung merkt man aber kaum, es fühlt sich einfach federnd oder locker gehalten an.

Folgendermaßen kann man Schritt für Schritt üben: Erst wenige Töne hintereinander

(Takte 1-2). Wenn das funktioniert, einen Ton zum Tremolo dazu zu nehmen (Takte 3-4). Direkt in recht hohem Tempo üben (so schnell, wie es noch mit Regelmäßigkeit geht), mit kleinen Bewegungen:

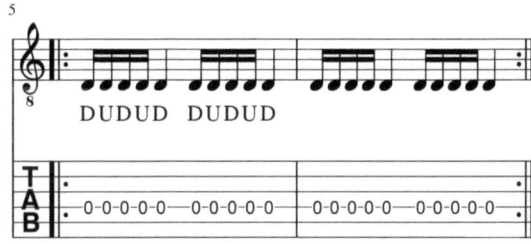

Abb. 39

Anschließend kann man etwas längere Sechzehntelketten üben.

Zu 2) Achteltriolen auf einer Saite:

- Bewegung des linken Arms vorab klären (siehe Kapitel 1 - 6).
- Wir spielen erst nur die ersten drei Noten
- Dies sollte *direkt flott, ohne Metronom ausprobiert* werden:
- Tempo finden, in dem sauber und möglichst schnell die drei ersten Noten gespielt werden können.
- *10 Minuten Übezeit am Stück hierbei nicht überschreiten*, dafür aber an möglichst vielen Tagen pro Woche. Nur so viel und schnell üben, wie man ohne Gewalt zurecht kommt.
- Gute Erweiterung: Übung aus Kapitel 3 (Triolen mit Lagenwechsel auf einer Saite), Lagenwechsel mit jeweils verkürztem vorhergehendem Ton zuerst langsam üben.

Zu 3) Passenden Winkel des Plektrums für Sequenz finden

Es gibt grundsätzlich 2 Richtungen, in die man das Plektrum „kippen" bzw. „neigen"

kann.[18] Für die Übung in diesem Kapitel brauchen wir *ausschließlich die 'aufgerichtete'
Haltung*, die in Abb. 40 und Abb. 41 dargestellt ist. (Wechsel der Neigung folgt im
nächsten Kapitel, inklusive Abbildungen hierzu.) Die Übung ist bewusst so gestaltet,
dass die 'hin und her zitternde' Pickingbewegung hiermit separat trainiert wird, und man
keinerlei Änderung der Plektrumneigung benötigt.

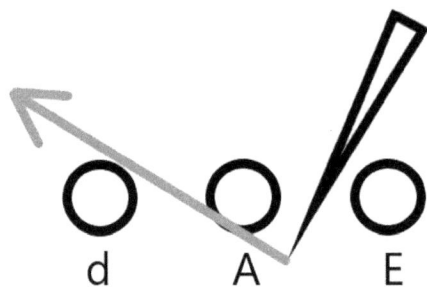

Abb. 40

Abb. 41 Pfeil zeigt möglichen
Saitenwechsel nach Anschlag der A-
Saite zur d-Saite

- Um nicht bei Saitenwechseln hängen zu bleiben, ist in dieser Sequenz die
  genaue Neigung des Plektrums zur Gitarre zu finden, die für die gesamte
  Sequenz passt. Achtung: Takt 3 beginnt wieder mit Downstroke.
- Hier passende Neigung des Plektrums (Abb. 40 und Abb. 41): Durch an die
  Decke der Gitarre angenähertes Handgelenk bzw. eine leicht rotierte rechte Hand
  zeigt die Spitze des Plektrums mehr Richtung Fußboden, die Oberkante eher
  nach oben. Die Finger können auch bei der Einstellung mitwirken.
- Ausprobieren in mittelschnellem – schnellem Tempo anhand der ersten 6 Töne
  (Saitenwechsel E – A). Wenn das klappt, nach und nach auf allen Saitenpaaren
  separat probieren, *nicht* direkt die gesamte Sequenz 'durchprügeln'
- Wenn das Picking über je 2 Saiten gut klappt, die gesamte Sequenz nochmal mit
  Aufmerksamkeit für die LH durchspielen: Passen hier Arm (locker,
  Bewegungen), Daumen (Positionswechsel, kein Druck), Fingerpositionen
  (Stabil, kein 'Angeln nach Tönen'[19])?
- Anschließend höhere Geschwindigkeiten üben (vgl. Kapitel 'Tipps zum Üben')

---

18 vgl. Frets, Josh: Priniples of Picking: How To Do It Right. Auf:
   https://fretboardanatomy.com/pickingprinciples/, mit Hinweisen auf einen Artikel von Tuck Andress zu
   diesem Thema aus dem Jahr 1999. Diese Technik nennt inzwischen Troy Grady in seinen Videos
   'Pickslanting'.
19 'Angeln nach Tönen': Siehe Kapitel 14 'Tipps zum Üben'

Zu 4) Positionierung des Plektrums an den Saiten

Großenteils sollte *der Arm die Hand mitsamt dem Plektrum an die Saite bringen*, die gespielt werden soll. So kann die Bewegung des Plektrums selbst an jeder Saite nahezu gleich bleiben, und die Hand muss nicht für jede Saite eine neue Bewegung lernen. Die Komplexität der Bewegung wird reduziert. Dennoch sorgt es für Entlastung, diese Positionierung des Plektrums an der Saite ergänzend ein wenig mit dem Handgelenk zu unterstützen. Am einfachsten wird dies nachvollziehbar beim Spiel von Basssaiten in Richtung der Diskantsaiten h und e', also von tieferen hin zu den höchsten Tönen: Zuletzt lässt man das Handgelenk einfach etwas los, sodass die Hand durch die Schwerkraft nach unten sinkt. Umgekehrt wird die Hand wieder am Handgelenk in die ursprünglich eher gerade Einstellung gehoben, wenn man wieder in Richtung der Basssaiten wechselt.

> Die Positionierung des Plektrums an den Saiten erfolgt in erster Linie durch Armbewegung (dabei auch Beteiligung der Schultern, locker bleiben, nichts unnötig blockieren...), ergänzt von einer kleineren Bewegung[20] durch Lösen des Handgelenks im Bereich der Diskantsaiten h und e'.

---

20 Es gibt auch Gitarristen, die von der Positionierung des Plektrums mittels Handgelenk stärkeren Gebrauch machen, was als solches für den ein oder anderen einfacher sein kann. Im Gegenzug ändert sich dann der Winkel des Plektrums zur Saite stärker, dies sorgt für weniger einheitlichen Klang und ein unterschiedlicheres 'Druckempfinden' beim Spielen der unterschiedlichen Saiten. Einheitlichkeit macht es hier jedoch oft leichter. Für mich persönlich gibt es z. B. Stellen, bei denen der Schlüssel zum Erfolg ganz klar in der großzügig ausgeführten Positionierung über den Arm liegt.

9. Highspeed Alternate Picking 2: 3-Noten-Pro-Saite Skala: Neigung des Plektrums anpassen

Die schnellste Bewegung des Plektrums beim Alternate Picking erfordert beim Spiel von Tonleitern, die Neigung des Plektrums bei Saitenwechseln so anzupassen, dass man nicht damit an den Saiten hängen bleibt.[21] Dies ist die Herausforderung in der Übung zum Tonleiterspiel, Abbildung 46. Sie eignet sich für die eher 'zitternde', kleine und hierdurch schnellste Variante des Alternate Picking, blitzschnelles Skalenspiel. Sie eignet sich allerdings in der hier beschriebenen Form kaum für komplexere, unregelmäßige Licks, die Arpeggien bzw. immer wieder 1 Note pro Saite beinhalten, weil hier die Neigung teils pro Ton verändert werden müsste. So sehen die beiden Neigungen des Plektrums aus:

Abb. 42 'aufgerichtet'

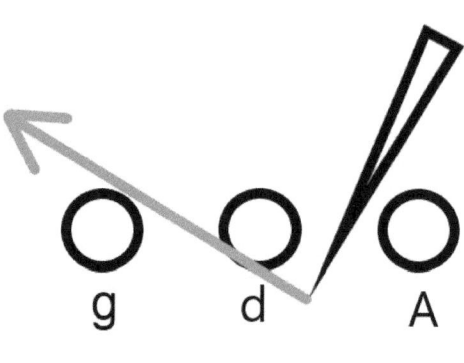

Abb. 43 'aufgerichtet'

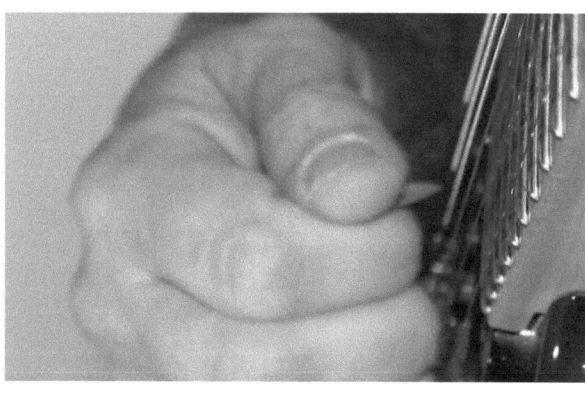

Abb. 44 'gekippt'

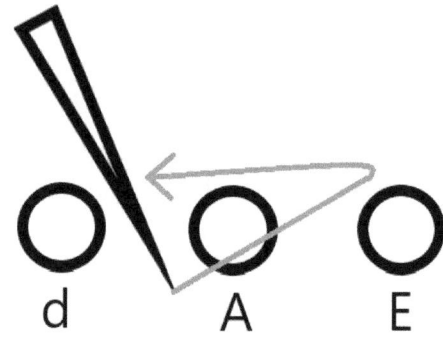

Abb. 45 'gekippt'
Pfeil zeigt möglichen Saitenwechsel nach Anschlag der A-Saite zur d-Saite

---

21 Vgl. FN 18.

Abb. 46 Übung zum Tonleiterspiel, Zieltempo ca. 100-110 bpm

Wir beginnen nun in der Beschreibung mit Wechseln von tiefen zu höheren Tönen, also von Basssaiten in Richtung der Diskantsaiten. Es sollte sowohl langsam geübt werden, um sich die Bewegungsabfolge klar einzuprägen, als auch in höherem Tempo, in dem man die Richtigkeit der Neigung des Plektrums und den Vorteil, die sie bietet, besser spüren kann.

Plektrum 'aufgerichtet':

Um nicht bei Saitenwechseln hängen zu bleiben, ist zu Beginn ein passender Winkel bzw. eine Neigung des Plektrums zur Gitarre zu nutzen, wie bei der Sequenz aus dem vorhergehenden Kapitel: Durch an die Decke der Gitarre angenähertes Handgelenk zeigt die Spitze des Plektrums mehr Richtung Fußboden, die Oberkante eher nach oben. Diese Neigung kann auch zusätzlich – je nach Haltung des Plektrums – mit Zeigefinger und Daumen gesteuert werden, hier: Daumen eher gerade, Plektrum wird so zugleich weiter links vor der Saite positioniert.

Der Anfang sieht dann so aus – Downstroke, Upstroke, Downstroke auf E-Saite, Upstroke auf A-Saite:

E-Saite   – A-Saite
D-U-D   – U

Über E-Saite: 3 Noten pro Saite / Plektrumoberkante ist noch vom Boden weg zu mir hin 'aufgerichtet' (Damit Plektrum nicht mit unerwünschtem Downstroke A-Saite spielt, wenn man dort hin wechselt)

Plektrum 'gekippt':

Nun wird die Neigung des Plektrums geändert: Durch von der Decke der Gitarre stärker abgehobenes Handgelenk bzw. rotierte Hand zeigt die Spitze des Plektrums mehr nach oben, die Oberkante eher Richtung Fußboden. Diese Neigung kann wieder zusätzlich– je nach Haltung des Plektrums – mit Zeigefinger und Daumen gesteuert werden, hier nun: Daumen eher angewinkelt, Plektrum wird so zugleich weiter rechts auf der Saite positioniert, näher Richtung Handinnenseite gebracht und eben zugleich leicht gekippt.

A- Saite – d-Saite
U-D-U – D:
Über A-Saite: 3 Noten pro Saite / Plektrumoberkante zum Boden hin, weg von mir 'gekippt' (Damit Plektrum auf dem Weg zur d-Saite nach dem Anschlagen der A-Saite nicht nochmals die A-Saite trifft) etc.

So wird ständig der Winkel des Plektrums pro Saite gewechselt, sodass jeweils beim Saitenwechsel der vorangegangene Winkel ermöglicht, nicht hängen zu bleiben. Damit ergibt sich im oben beschriebenen Sinne für die 3-Noten-Pro-Saite-Skala der Reihe nach *in Richtung von den Basssaiten zu den Diskantsaiten gespielt* folgendes, über der jeweiligen Saite:

1	E	D-U-D	**aufgerichtetes** Plektrum
2	A	U-D-U	in Spielrichtung **gekipptes** Plektrum (Oberkante zum Fußboden)
3	d	D-U-D	**aufgerichtetes** Plektrum
4	g	U-D-U	in Spielrichtung **gekipptes** Plektrum (Oberkante zum Fußboden)
5	h	D-U-D	**aufgerichtetes** Plektrum
6	e'	U-D-U	in Spielrichtung **gekipptes** Plektrum – bloß der Übung und Regelmäßigkeit wegen, es folgt ja kein Wechsel.

Umgekehrt, beim Abwärtsspielen der Tonleiter, entsprechend:
(Hier: Angefangen mit Downstroke)

e'-Saite   – h-Saite
D-U-D   – U
Über e'-Saite: 3 Noten pro Saite / Plektrumoberkante vom Boden weg zu mir hin 'aufgerichtet' (Damit Plektrum nicht mit unerwünschtem Upstroke e'-Saite nochmals spielt)

h-Saite – g-Saite

U-D-U – D

Über h-Saite: 3 Noten pro Saite / Plektrumoberkante zum Boden hin, weg von mir 'gekippt' (Damit Plektrum auf dem Weg zur d-Saite nach dem Anschlagen der A-Saite nicht nochmals die A-Saite trifft) etc. *So ergibt sich für das Spiel von den Diskant- zu den Basssaiten:*

1	e'	D-U-D	**aufgerichtetes** Plektrum
2	h	U-D-U	*gegen* Spielrichtung **gekipptes** Plektrum (Oberkante zum Boden)
3	g	D-U-D	**aufgerichtetes** Plektrum
4	d	U-D-U	*gegen* Spielrichtung **gekipptes** Plektrum (Oberkante zum Boden)
5	A	D-U-D	**aufgerichtetes** Plektrum
6	E	U-D-U	*gegen* Spielrichtung **gekipptes** Plektrum – bloß der Übung und Regelmäßigkeit wegen, es folgt ja kein Wechsel.

Demnach ist die Neigung des Plektrums stets *bei 3-Noten-Pro-Saite-Skalen, die man in durchgehend aufsteigender oder absteigender Bewegung mit 3 Noten pro Saite spielt,* jeweils pro Saite zu wechseln gemäß folgender Regel:

Über Saite, auf der ich mit Downstroke beginne:
Plektrumoberkante vom Boden weg zu mir hin 'aufgerichtet'

Über Saite, auf der ich mit Upstroke beginne:
Plektrumoberkante zum Boden hin, weg von mir 'gekippt'

Tipp für das Üben:

Das 'Aufrichten' und 'Kippen' lässt sich in unserer Übung als Einheit für die RH trainieren, ähnlich wie die Daumenpositionen für die LH. Auch hier kann, aufgrund der Einteilung der Tonleiter in drei Noten pro Saite, pro Saitenpaar mit folgender Vorstellung eine Einheit gebildet werden:

Der Neigungswechsel erfolgt quasi automatisch, wenn man das Plektrum jeweils *nur an die erste Saite mittels des Armes bringt,* und die jeweils *zweite Saite des Paares fast nur mit dem Handgelenk ansteuert.* Die RH hät das Plektrum bei der ersten Saite jeweils 'aufgerichtet' (Abb. 47), und sie neigt sich (rotiert, sodass Handgelenk sich etwas von der Gitarrendecke weg hebt), um die jeweils zweite Saite des Paares einer DP zu erwischen (Abbildung 48).

Im Laufe der Verfeinerung der Technik und insgesamt kleinerer Bewegungen kann der Wechsel von 'aufgerichteter' zu 'gekippter' Haltung und zurück dann durchaus fließender werden, im Laufe der drei Noten pro Saite erfolgen.

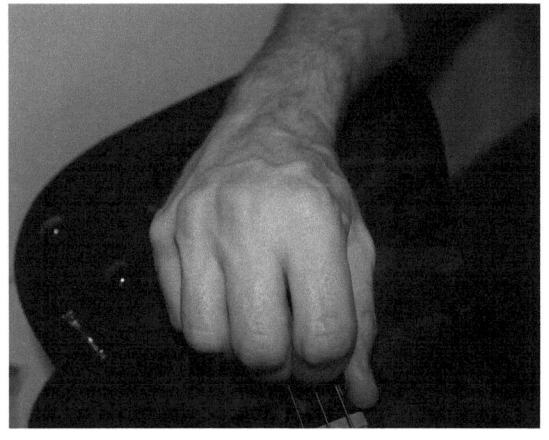 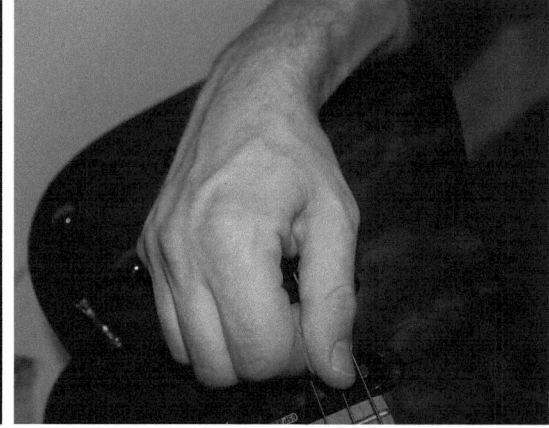

Abb. 47 aufgerichtetes Plektrum   Abb. 48 gekipptes Plektrum

10. Alternate Picking für komplexe Linien und Arpeggien: Crosspicking

10.1.   Experiment für das Crosspicking

Um die Bewegung beim Crosspicking besser zu begreifen, lade ich zu folgendem Experiment (Abb. 49 und 50) ein:

Wir brauchen ein Blatt Papier und einen Stift, der beim Schreiben nicht 'kratzt' sondern leicht schreibt, z. B. einen weichen Bleistift oder gut funktionierenden Kugelschreiber.

1.   Wir nehmen den Stift zwischen Daumen und Zeigefinger, möglichst so, wie man auch ein Plektrum hält. Der Ellbogen ist auf Schulterhöhe gehoben, sodass die Hand sich herabhängend locker bewegen kann.
2.   Jetzt bewegen wir die Hand locker wie beim Alternate Picking, nur deutlich ausladender, mit einer größeren Bewegung. Wir wählen ein flottes Tempo, das ein lockeres Schwingen ermöglicht, aber nicht anstrengend schnell ist. Die Bewegung kommt v. a. aus dem Handgelenk, auch aus dem Unterarm, die Finger halten den Stift sicher aber nicht starr, sondern leicht flexibel. Daumen und Zeigefinger dürfen die Bewegung auch unterstützen.
3.   Wir senken nun die Hand, während wir sie weiter so bewegen, zum Papier nieder, sodass der Stift die Bewegung nachzeichnet.

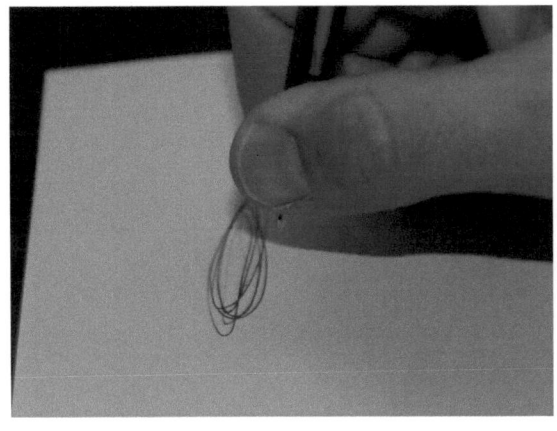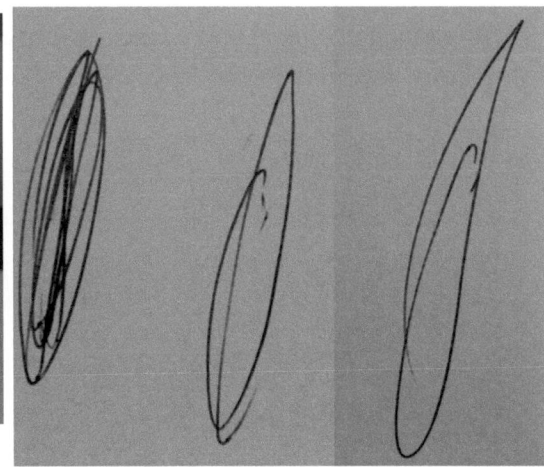

Abb. 49 Experiment mit Stift statt Plektrum   Abb. 50 symmetrische und 'krumme' Ellipsen

Ist die Bewegung groß genug und flüssig, dann wird nun auf dem Papier eine Ellipse sichtbar. Je nach Winkel, mit dem die Hand zum Papier steht, kann die Ellipse auf dem Papier zur einen oder anderen Seite 'verbogen' erscheinen.

Wesentlich ist, dass die Bewegung eben nicht bloß einer geraden Linie hin und her folgt, sondern eine leichte Ellipsenform aufweist. Im Einsatz auf den Saiten natürlich viel kleiner und dezenter als auf dem Papier. Wenn wir dies erreichen, haben wir eine Bewegungsform, die dem ähnelt, was auch 'Crosspicking' genannt wird, sozusagen in vergrößerter Form. Sie funktioniert gut, um Arpeggio-Licks im Stile von Steve Morse, oder auch Jazzlicks wie im vorangegangenen Kapitel 6 zu spielen.[22] Dazu gehört noch eine leichte Neigung des Plektrums, es 'kippt' mir der Oberkante immer in Richtung der kommenden Saitenwechsel (genauso wie beim Sweeping, *teilweise im Gegensatz* zum Highspeed-Alternate-Picking in Kapitel 8 und 9).

Wieso? Die Ellipsenbahn bekommt eine Bogenform im Verhältnis zur Decke der Gitarre, wo ihr kein flaches Papier im Weg ist. Dies ermöglicht Saitenwechsel, ohne an Saiten ungewollt hängen zu bleiben, während die Neigung erforderlich ist, um die bogenförmige Bewegung von der vorherigen Saite fern zu halten, und nicht dort hängen zu bleiben.[23] Die bogenförmige, geneigte Pickingbewegung beinhaltet den Saitenwechsel in der für Eine-Note-pro-Saite-Spielweise mit Wechselschlag effektivsten Form.

---

22 Selbstverständlich lassen sich auch Tonleitern hiermit spielen. Ein Tempo von 160 bpm bei Sechzehntelnoten ist auch hiermit machbar.

23 Diesen Zusammenhang zeigt Troy Grady in seinen sehr sehenswerten 'Cracking the Code'-Videos auf Youtube, wobei ich persönlich die Ellipsen- oder Kreisform der Bewegung gefühlsmäßig mit der Hand leichter nachvollziehbar finde, als das vermeintliche 'Richtungswechseln' beim dort auch erklärten Crosspicking.

Das *Kippen in Spielrichtung* bewirkt eine *ausladendere Bewegung* aufwärts in Richtung der folgenden Saite, und eine *knappere, steilere abwärts in Richtung der angeschlagenen Saite* (siehe Abb. 51).

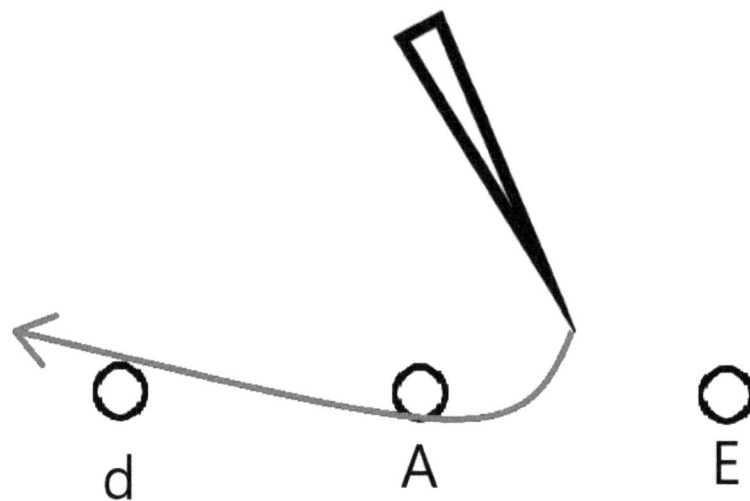

Abb. 51 Crosspicking: Bogenförmige Bahn im Querschnitt betrachtet

Für das, was Crosspicking ausmacht, also die Bogenförmige Bewegung über die Saiten, gibt es (mindestens) zwei Möglichkeiten:

a) Zum einen besteht die Möglichkeit, diese Bogenform mittels eines Bewegungsanteils des Handgelenks zu bewerkstelligen, der quasi von der Gitarrendecke weg- und wieder hinführt, sodass sich zusammen mit dem Hin und Her des Anschlagens eine *als Einheit empfundene* bogenförmige Bewegung ergibt. (Steve Morse macht es so.) Diese Bewegung wird in dem vorangegangenen Experiment deutlich, wenn sich eine Ellipsenbahn bildet. Die Bewegung hat man dann gefunden, wenn man etwas hat, das sich als 'Einheit', als einheitlichen Vorgang des 'Wackelns' gefunden hat, so wie man beim Schütteln eines Getränks oder Schlagen von Eierschnee mit dem Schneebesen sich auch nicht abwechselnd auf Bewegung nach links, dann wieder nach rechts konzentriert, sondern reflexartig 'wackelt'.

Daran wird deutlich:
Diese, für das Crosspicking erforderliche, an für sich simple Bewegung, die im Experiment auf dem Papier eine Ellipsenbahn ergibt, beherrscht jeder gesunde Mensch, ganz ohne Instrumentalausbildung, in einem Tempo, das bereits virtuosem Spiel entspricht. Es kommt nun also nur noch darauf an, diese Bewegung mit der Positionierung des Plektrums an den Saiten zu synchronisieren und an den Abstand der Saiten voneinander in ihrer Größe anzupassen.

b) Zum anderen benutzen manche Spieler _zusätzlich zu der oben genannten Handgelenksbewegung (die dann dezenter ausfallen kann) Daumen und Zeigefinger_, um diese Bögen zu erzeugen. Als prominenter Vertreter der Methode mit Zeigefinger und Daumen ist Martin Miller[24] zu nennen. Die Bewegung von Daumen und Zeigefinger bei dieser Variante wird (im Foto mit etwas _übertrieben großen_ Bewegungen) dargestellt in den Abbildungen 53 und 54.

Mit Blickrichtung auf die Gitarrendecke ergibt sich _bei jeder Art des Crosspickings_ in etwa folgendes Bild[25]:

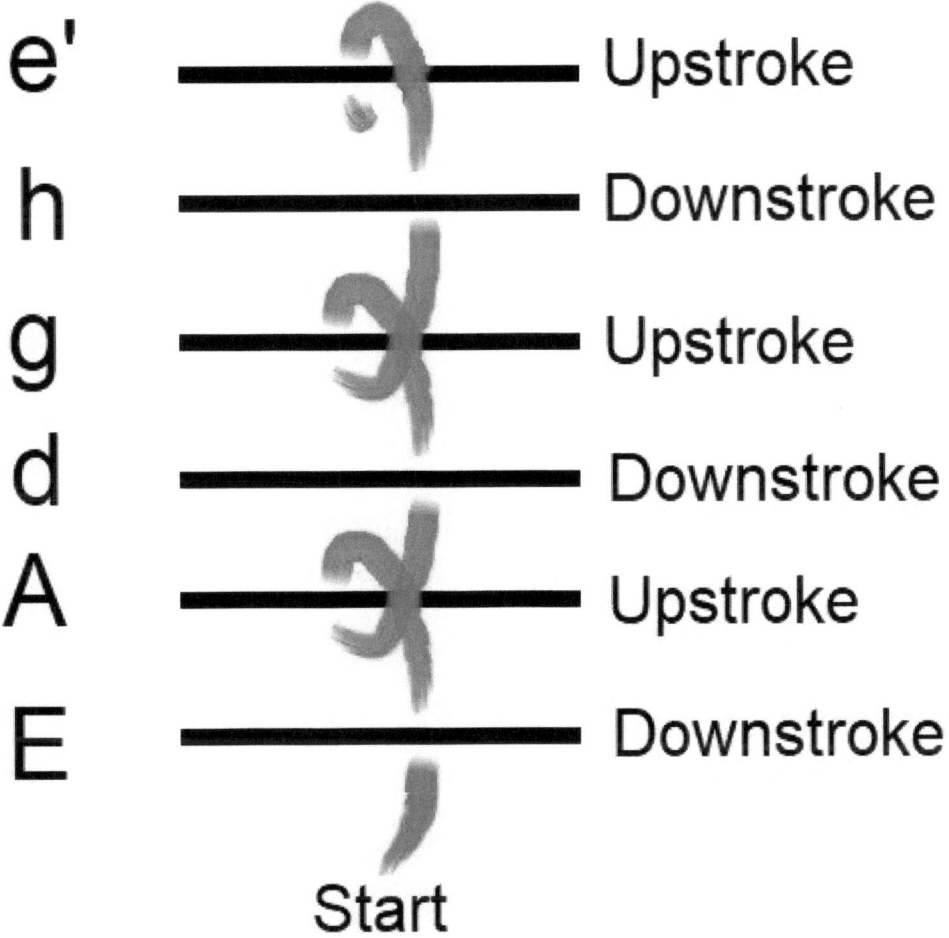

Abb. 52 Bahn der Plektrumspitze beim Crosspicking
Die Bahn der Plektrumspitze ist in Abb. 52 immer dann unterbrochen dargestellt, wenn die Saite angeschlagen wird.

---

24 vgl. Troy Gradys Video 'Martin Miller's 21st-Century Picking Mechanics' auf Youtube.

25 Dieses Bild wurde von mir (jeweils mit beiden Varianten der Spieltechnik) mittels unter die Saiten geschobener Modelliermasse gewonnen, in die beim Spielen die Plektrumspitze eingeritzt hat, kombiniert mit Beobachtung des Bewegungsablaufs, und anschließend am Computer nachgezeichnet (Abbildung 52).

Es wird in der Abbildung deutlich:

> Sämtliche *Downstrokes erfolgen beim Crosspicking etwas weiter von rechts kommend*, während sämtliche *Upstrokes von weiter links* aus erfolgen. Mehrere Noten auf einer Saite ergeben somit ein „Kreisen" der Plektrumspitze über die Saite.
>
> Zu Übungszwecken empfehle ich, dieses Kreisen erst auf einer Saite, dann einer Linie wie oben im Bild über mehrere Saiten zu folgen, aber zunächst nur 3, dann 4 Saiten!

Wenn die Technik flüssig und effektiv beherrscht wird, liegen die Punkte, an denen die Saiten vom Plektrum getroffen werden, näher beieinander, fast auf einer geraden Linie, nicht so weit nach links und rechts verteilt, wie oben aus Gründen der Übersichtlichkeit zweidimensional dargestellt. Das Bewegungsschema passt jedoch prinzipiell, und kann sehr hilfreich sein, um die Crosspickingbewegung zu erlernen. Die Richtung des 'Kreisens' um die Saiten gegen den Uhrzeigersinn fällt mir persönlich deutlich leichter, so erlange ich meine eigenen höchsten Tempi, beides scheint jedoch möglich.

 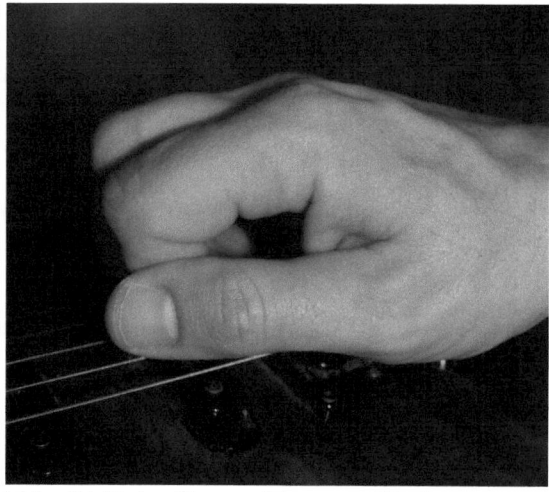

Abb. 53 Zeigefinger+Daumen Variante vor Downstroke auf E-Saite

Abb. 54 Zeigefinger+Daumen Variante nach Downstroke auf E-/ vor Upstroke auf A-Saite

Welche Variante des Crosspickings man wählt, ergibt sich vermutlich von selbst beim Üben – Beide Varianten funktionieren gleich gut.[26]

Im Laufe des Übens dieser Technik, wenn die Bewegung zunehmend kleiner und effektiver wird, kann es durchaus sein, dass man es mehr als „Hin- und Her" oder „Auf- und Ab", und weniger als „Kreisen" oder „Links-Rechts-Wechsel" empfindet.

---

26 Ich habe selbst beispielsweise ohne die hier versammelten Informationen vor vielen Jahren bei dem Versuch, die Technik von Steve Morse zu imitieren, die Variante mit aktivem Daumen und Zeigefinger entwickelt, die mir immer noch angenehmer ist. Auch so lassen sich Morse-mäßige Licks authentisch klingend spielen.

10.2.   Arpeggio mit Crosspicking

Wir lernen das Picking mit 1 Note pro Saite in folgenden Schritten, die wir *immer wieder erneut* durchgehen, wenn wir Üben:

1. Tremolo auf 1 Saite (Technische Unterschiede zu Kapitel 8 / 9 beachten, Details siehe unten!)
2. Positionierung des Plektrums an den Saiten
3. Saitenwechsel
4. Maj7-Arpeggio

Es folgen Erläuterungen der einzelnen Schritte:

Zu 1) Tremolo mit 'Crosspicking':

1. Man hebe zunächst ähnlich wie bei dem Experiment mit dem Stift (siehe oben) den Ellbogen auf Schulterhöhe und lasse die Hand mit dem Plektrum in etwas zu großen Bewegungen regelmäßig kreisen, nähere sich einer Saite mit der Plektrumspitze.
2. Dann verkleinere man die Bewegung nach und nach, bringe den Unterarm in eine normale Position an der Gitarrendecke, sodass die Plektrumspitze nur noch sehr Bewegungen macht, während sie die Saite abwechselnd mit Up- und Downstrokes anschlägt.

- Hier sollte man beachten, dass v. a. das Handgelenk und, wenn man es mag, auch Daumen und Zeigefinger die Bewegung machen (siehe Fotos). Der Unterarm bewegt sich eher passiv mit aufgrund der Handgelenksaktivität. Die Finger halten das Plektrum nicht verkrampft, sondern stabil ohne zu pressen. Ein 'Hochhüpfen' weit weg von den Saiten ist zu vermeiden.
- Beim Tremolo sind größtenteils Handgelenk und, je nach Belieben, die Finger aktiv, aber nie dauerhaft stark anzuspannen. Vielmehr sollte auch hier ein möglichst schnelles und nicht als 'Kraftaufwand' empfundenes Hin und Her über die Saite in einer kreisend oder bogenförmig empfundenen Bewegung angestrebt werden. Dazu jeweils im Wechsel ein paar Töne schnell spielen, dann wieder kurz Pause machen.
- Die Spitze des Plektrums taucht nicht tief in die Saiten ein, sondern nur minimal, was einem mehr Kontrolle und weniger Energieaufwand ermöglicht. Leise schnell geht erst einmal leichter. Ergänzend in langsamem Tempo laut üben.
- Finger der RH halten das Plektrum leicht federnd, sodass der Anschlag der Saite weniger Kraft braucht, und dem Plektrum mit den Fingern erlaubt wird, etwas von der Spannung der Saite abzufedern. Es bewegt sich somit nicht mehr hundertprozentig auf der gerade Bahn, die der Arm vorgibt. Die Abweichung merkt man aber kaum, es fühlt sich einfach federnd oder locker gehalten an.

Folgendermaßen kann man Schritt für Schritt üben (Abb. 55): Erst wenige Töne hintereinander (Takte 1-2). Wenn das funktioniert, einen Ton zum Tremolo dazu zu nehmen (Takte 3-4). Direkt in recht hohem Tempo üben (so schnell, wie es noch mit Regelmäßigkeit geht), mit kleinen Bewegungen:

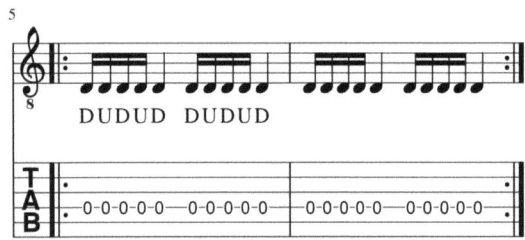

Abb. 55: Tremolo Übungsformen
Anschließend kann man etwas längere Sechzehntelketten üben.

Zu 2) Positionierung des Plektrums an den Saiten (Details siehe Kapitel 8)

Die Positionierung des Plektrums an den Saiten erfolgt in erster Linie durch Armbewegung (dabei auch Beteiligung der Schultern, locker bleiben, nichts unnötig blockieren...), ergänzt von einer kleinen Bewegung[27] durch Lösen des Handgelenks im Bereich der Diskantsaiten h und e', sodass die Hand ein wenig 'hinab hängt'. Aber falls man beim Spiel auf den Diskantsaiten unsauber spielt oder die Saite nicht erwischt, sollte man prüfen, ob es hilft, die Hand mittels des Armes direkt näher an diesen Saiten zu positionieren.

---

27 Es gibt auch Gitarristen, die von der Positionierung des Plektrums mittels Handgelenk stärkeren Gebrauch machen, was als solches für den ein oder anderen einfacher sein kann. Im Gegenzug ändert sich dann der Winkel des Plektrums zur Saite stärker, dies sorgt für weniger einheitlichen Klang und ein unterschiedlicheres 'Druckempfinden' beim spielen der unterschiedlichen Saiten, weswegen ich davon abrate. Für die Armpositionierung kann ein langer Ärmel helfen, eine 'Stulpe' oder aufgeschnittene Socke um den rechten Unterarm, sodass er nicht mit der Haut an der Gitarre kleben bleibt.

Zu 3) Saitenwechsel

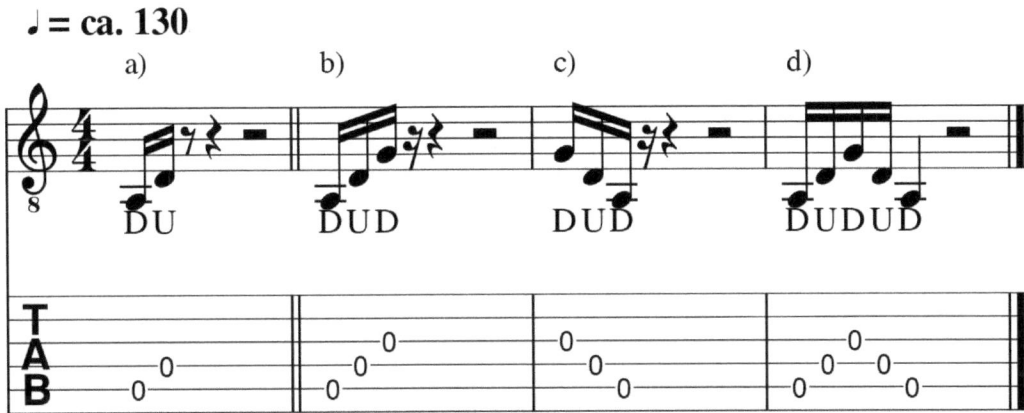

Abb. 56: Saitenwechsel mit Crosspicking üben

a) Wir üben, zunächst ohne mit der LH zu greifen und *ohne* dauernd mitlaufendes Metronom, einen schnellen Saitenwechsel zwischen A-Saite (Downstroke) und d-Saite (Upstroke) mit anschließender Pause. Pick mit Oberkante Richtung Fußboden **gekippt**, mit Spitze weg vom Fußboden nach oben, genauso wie in Abb. 44 und 45)

b) Wenn das flüssig klappt, nehmen wir die g-Saite (Downstroke) hinzu. (Neigung bleibt)

c) Wenn dies auch funktioniert, üben wir das ganze rückwärts (Pick nun anders: **Aufgerichtet**, mit Oberkante vom Fußboden weg, mit Spitze zum Fußoden geneigt wie in Abb. 42 und 43):

Saite: g – d – A
Anschlagsrichtung: D – U – D

d) Zuletzt spielen wir A – d – g – d – A entsprechend, Plektrum wechselt Neigung bei g-Saite.

Tipp 1: Man dämpfe hierbei über dem 7. Bundstäbchen mit dem ZF der LH leicht ab, sodass statt der leeren Saiten Flageolett-Töne erklingen. So hört man unter Umständen besser, ob man präzise anschlägt.

Tipp 2: Immer wieder darauf achten, dass die eigentliche Pickingbewegung einer kleinen Ellipsenbahn entspricht, wenn man sie als Tremolo auf einer Saite betrachtet. Kein sichtbares 'Weghüpfen' von den Saiten! Ab ca. 130 bpm bei gespielten Sechzehnteln kann man nicht mehr mit 'Hüpfen' tricksen, und erkennt somit, ob man echtes Crosspicking betreibt. Übertragen auf die Saitenwechsel bleibt die Bewegung des Plektrums durch Handgelenk (und eventuell Finger, siehe oben) gleich, wird nur während dessen vom Arm (und bei h- und e-Saite vom Handgelenk) an die nächste Saite transportiert. Damit ähnelt die tatsächliche Crosspickingbahn über mehrere Saiten dann einer 'Kringellinie' (Abb. 52).

Tipp 3: Diese 'Kringelbahn' kann man auch immer zwischendurch im langsamen Tempo vergegenwärtigen, und dabei probieren, ohne Weghüpfen des Plektrums von den Saiten durch die Saitenwechsel zu kommen.

Zu 4) Maj7-Arpeggio über 5 Saiten

Dieses Kapitel schließt mit einem C#maj7-Arpeggio ab, um mit einem möglichst einfachen Fingersatz, der komplett auf Barré (= engl. barring) verzichtet, also, ohne viel Zeit mit der LH verbringen zu müssen, ein Arpeggio mit Crosspicking spielen zu lernen. Die Tonart ist mit der Idee gewählt, dass sie einem 'in die Hand fällt' wenn man den Arm gerade hebt. Ob einem eine andere Tonart / Lage bequemer erscheint, möge man ausprobieren und dies dann individuell anpassen. Überhaupt kann es gewinnbringend sein, dies in verschiedenen Lagen auszuprobieren und v. a. dann in Lagen zu üben, in denen es einem am leichtesten fällt.
Der Arm bewegt sich mit aufsteigenden Noten etwas nach hinten links, und kehrt mit absteigender Tonfolge dann wieder zurück.
Zu dem Arpeggio ist spieltechnisch gegenüber den vorangegangenen Schritten dieses Kapitels nicht viel neues hinzuzufügen, außer:

- Beachten: LH Bewegungen mit Arm (siehe Kapitel 1 – 6) beobachten: Nur wenn sie leicht klappen, hat die RH die Chance, ihren Teil ohne Panik beizusteuern!
- Ansonsten: Immer wieder auf zuvor beschriebenen Übungsmethoden zurückgreifen (Erst wenige Töne / Abschnittweise üben, Abschnittweise hohes Tempo probieren, Tremolo-Grundbewegung RH bewußt machen, RH alleine trainieren, Kringelbahn langsam, etc.)

Abb. 57: Arpeggio mit Crosspicking lernen, Zieltempo ca. 130 bpm

11. Sweeping üben – Wie schaffe ich das Timing?

Es gibt verschiedene Übungen, die einem helfen können, sein Timing beim Sweeping zu präzisieren, anstatt unkontrolliert mit dem Plektrum auf den Saiten 'auszurutschen'.

Zur Erinnerung noch einmal das Arpeggio aus Kapitel 5:

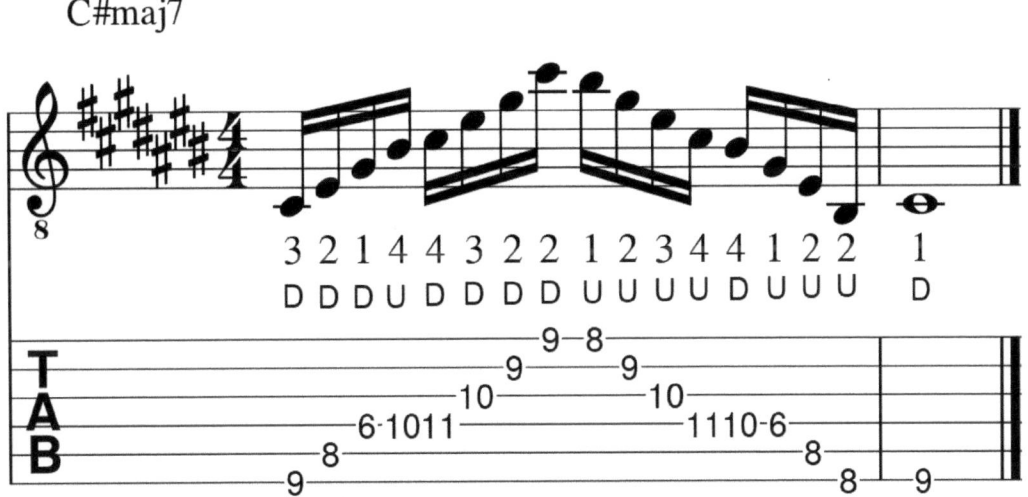

Abb. 58 C#maj7 Arpeggio für Sweeping, Zieltempo ca. 130 bpm

1. Plektrumoberkante in Spielrichtung neigen. Das Plektrum wird so gekippt, dass man leichter über die Saiten kommt. Beim Richtungswechsel wechselt man die Neigung (hier ab Zählzeit 3, also nach Anschlagen der der letzten vorhergehenden Note (cis, 9. Bund) Plektrum aufrichten)
2. Rechte und linke Hand einzeln üben: Wenn die *RH* die erforderliche Anschlagsabfolge für das Lick, Arpeggio, die Skala nicht auch *alleine* beherrscht, wird es meist auch mit beiden Händen nicht klappen. *Die RH mit ihrem Teil alleine üben!*
3. Beim Üben der RH alleine: Saiten abdämpfen, sodass man nur noch 'Klicks' (Ghostnote) hört, oder mit ZF der LH über 7. Bund abdämpfen, sodass Flageolett-Töne zu hören sind. So hört man präzise seine Anschläge, und kann kontrollieren, ob man rhythmisch sauber spielt. Auch laut und dabei eher langsam üben!
4. Zwei Achtel jeweils durch abwechselnde punktierte Achtel und Sechzehntel ersetzen, und umgekehrt. (Bzw. zwei Sechzehntel durch punktierte Sechzehntel und Zweiunddreißigstel im Wechsel ersetzen) – Schwerer zu spielen, man darf nicht erwarten, hier direkt im bisher höchsten möglichen Tempo weiter machen zu können. Siehe Abb. 59.

C#maj7

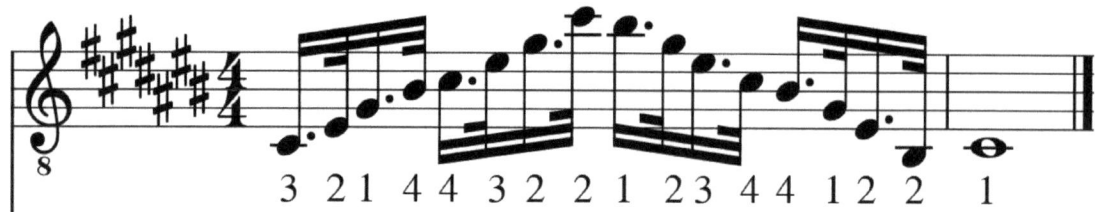

Abb. 59: Eine mögliche Übungsform für das Arpeggio

Teil 3: Hammer-on / Pull-off (Bindungen), Tapping

12. Was kann mir helfen, locker durch längere Legatophrasen zu gelangen?

Eingangs möchte ich zu Hammer-on und Pull-off wieder einmal zu einem ersten 'Experiment' einladen:

1.) Man probiere, wie viel Energie nötig ist, um anstatt mit der RH mit Fingern der LH einen Ton auf einer Leersaite zu anzuschlagen... wenig, oder? Kaum mehr dürfte es logischer Weise sein, wenn man tatsächlich die zuvor genannten 'Legato'-Techniken nutzt.

Bedingungen für längere schnelle 'Legato'-Licks sind allerdings: Möglichst niedrige Saitenlage, dicke Bundstäbchen und eher dünne Saiten – maximal ein .010er Saitensatz ist empfehlenswert. Selbstverständlich werden diese Techniken auch z. B. im Blues oder Rock unter anderen Bedingungen genutzt, auch auf klassischen Gitarren, wo die Saiten dicker und die Saitenlage deutlich höher sind. Nur werden sie dann eben deutlich sparsamer, oft mit geringerem – wenn auch immer noch 'flott' wirkendem – Tempo oder vergleichsweise sporadisch eingesetzt. Hier muss man sich meines Erachtens wirklich entscheiden, ob man lieber ein ausgeprägter Legatospieler sein will, oder statt dessen den satten Klang etwas dickerer Saiten und mittlerer Saitenlage erhalten möchte, bei nur gelegentlichem oder nicht ganz so extrem schnellem Legatoeinsatz.

2.) Experiment zu Hammer-on: Vorsichtig probieren, mit wie wenig Energie ich auskomme, damit Ton durch Aufschlagen der Fingerspitze *kurz erklingt, und dann wieder abbricht.* Mit allen Fingern ausprobieren.

Es ist wichtig, nach diesem kurzen Impuls den Finger *nicht* weiter auf die Saite zu pressen, da nun, da der Ton angeschlagen ist, mit abnehmender Lautstärke sogar immer weniger Energie nötig ist (die Schwingungsamplitude verringert sich)![28] Normalerweise ist natürlich die Idee, den Ton nicht abbrechen zu lassen, sondern anschließend mit wenig Druck den Ton weiter klingen zu lassen.

3.) Experiment zu Pull-off: ZF und MF der LH abwechselnd mit der Fingerspitze auf einem Papier vor und zurück schieben. Hierin steckt ein Bewegungsimpuls, der auf dem Griffbrett kaum sichtbar wird und doch eine Rolle spielt: Während des Pull-offs des MF in Richtung der Handinnenseite übt der ZF eine leichte Gegenspannung aus, wobei er jedoch, im Gegensatz zu unserem Experiment, auf der Saite liegen bleibt. Wichtig für Pull-offs sind nicht nur die 'abziehenden' Finger, sondern auch, dass die darunter liegenden, die den zweiten Ton greifen, in einer stabilen Position sind.[29] Dies unterstützt ein dauerhaft lockeres Legatospiel und schützt vor einem 'Festfahren'.

4.) Die oft benutzte Kombination bzw. Aneinanderreihung von Hammer-on / Pull-off kann auch dadurch leichter werden, dass man das Abziehen des Fingers beim Pull-off so einübt, dass
a) der Finger zunächst in Richtung der Handinnenseite abzieht,
b) so auf der dünneren Saite daneben ankommt,
c) und dann in seine Ursprungsposition knapp über der zuvor abgezogenen Saite zurückkehrt.

Passende Lautstärke kommt neben niedriger Saitenlage und dünnen Saiten beim Legatospiel im Wesentlichen *durch Präzision*, die wiederum ermöglicht höheres Tempo. Erzwingen durch Krafteinsatz macht keinen Sinn, da dies wiederum flüssige, schnelle Bewegungen blockiert. Die Verlockung ist groß, mit Kraft statt mit Präzision zu arbeiten, nur führt dies *nicht* zu einer brauchbaren Technik, die man langfristig mit korrektem Timing und ohne Schmerzen durchhält. *Egal, wie viel Zeit es braucht, man kommt nicht darum herum, auch eine solch 'verlockende' Technik in Ruhe und genau zu erarbeiten, wenn man damit virtuos spielen will.* Gleiches gilt für Tapping.

Wie immer gilt auch hier: Schrittweise lernen, nach und nach Töne hinzunehmen, wenn

---

28 Diese Abnahme des erforderlichen Drucks mit dem leiser Werden der angeschlagenen Saite gilt natürlich auch für alle anderen Techniken. Beim Legatospiel ist nur zur Schonung der Hand besonders darauf zu achten!
29 Dabei gilt auch alles bezüglich lockerer Stabilität, was in Kapiteln 1 – 6 erläutert wird.

das bisherige gut funktioniert. In diesem Sinne folgt als erstes ein Legatolick auf einer Saite (Abb. 60).

Empfohlene Vorgehensweise:
- Erst ohne Lagenwechsel nur den Anfang üben,
- dann jeweils separat die Teile in anderen Lagen,
- dann jeweils einen Teil und in Zeitlupe nur den folgenden Lagenwechsel, ZF in neue Position bringen noch ohne zu greifen.
- Dann Teile nach und nach miteinander verbunden spielen.
- Armeinstellung beachten (Rotation?): Gerade der KF muss von Arm und Hand *nahe genug* an die Saite gebracht sein, um es leicht zu haben.
- Die nicht Legato gespielten ersten Noten jeder Sechzehntelgruppe werden im Wechselschlag gespielt.

Zwischendurch immer wieder die ' drei Experimente' wiederholen und vergleichen, ob es gelingt, mit ebenso wenig Energie auszukommen, wenn man am Legatolick übt.

Abb. 60 Legatolick auf einer Saite

Zweites Lick „Sextolensequenz“:

Es folgt ein längeres Legatolick (Abb. 63), das sich nach einiger Übung gut mit 110 bpm oder sogar schneller spielen lässt. Vorgehensweise grundsätzlich wie beim ersten Lick. Es wurde aufgenommen, weil es quasi in Extremform konkretisiert, was sich aus manchen Lehrbüchern ergibt: 3-Noten-pro-Saite Skalen und Legatosequenzen.[30] Viele Gitarristen nutzen Legatotechnik allerdings eher für kürzere Phrasen, Verzierungen oder

---

30 Beispielsweise werden 3-Noten-pro-Saite Skalen und die Idee, mittels Legatotechnik längere Läufe zu gestalten, vermittelt in: Fischer, Peter: Rock Guitar Secrets. AMA-Verlag 1992.

in Kombination mit anderen Techniken. Es stellt in dieser Form hohe Ansprüche an die Haltung (siehe unten).

Eine kleine Besonderheit sind 'Hammer Ons from nowhere'[31], meint: unmittelbar zuvor nicht angeschlagene Saite wird durch Hammer-on direkt zum klingen gebracht. Erstmals hier: Die neunte Note (e, 12.Bund). Diese Sequenz spielen wir mit Saitenwechseln über alle 6 Saiten. Entsprechend bietet sich an, die 3 Daumenpositionen, wie in Kapitel 4 beschrieben, hierbei anzuwenden, und innerhalb einer DP wiederum mit dem Arm die LH beim Saitenwechsel zu unterstützen (vgl. Kapitel 2, 3 und 4). Sehr wichtig für eine lockere Legatotechnik ist die Unterstützung durch richtige Armbewegung. Dies sollte mit Geduld geübt und beobachtet werden.

Der linke Arm muss einen großen Weg hinter sich bringen:
Auf den Basssaiten, beim Fingersatz 1 – 2 – 4, ist auf die genaue Einstellung von Hand, Handgelenk und Arm zu achten, da wir uns hier in einer eher hohen Lage mit einem hierfür nur bedingt geeigneten Fingersatz bewegen: Der Arm mit dem Ellbogen sollte anfangs *sehr nahe am Körper* sein. Um sich nicht selbst mit dem Ellbogen in den Bauch zu drücken, sondern mehr Platz zu haben, kann helfen, *sich dabei etwas vor zu beugen*.

Eine Rotation der RH mit Hilfe des Armes bringt den KF gegebenenfalls näher an die Saiten – insbesondere bei dem letzten Saitenpaar (h-/e'-Saite) ist dies sehr wichtig für flüssiges Legato (Abbildungen 61: richtig (etwas übertrieben dargestellt), Abb. 62: falsch, bezogen auf Takt 2, Zählzeiten 3 und 4). Der KF setzt hierbei etwas flacher auf. Hauptsache, die Bewegung erfolgt leicht „und aus dem Grundgelenk heraus". Bei den letzten Tönen ist der Arm dann etwas weiter weg vom Bauch, und man steht aufrecht.

Mit diesen beiden Extrempositionen ist dies ein anspruchsvolles Lick, was nur mit einem *hoch genug* hängenden Instrument oder entsprechender Fußbank o. ä. *technisch sauber* umsetzbar ist. Ich empfehle, mit Spiegel verschiedene Höhen auszuprobieren, ruhig höher, als man es sonst tut, und v. a. auf das Handgelenk zu achten.

Vorsicht: Dieses Lick ist auch mit falscher, zu sehr belastender Haltung einigermaßen 'spielbar', nur wird dies nicht langfristig gut gehen und auch nicht lange durchzuhalten sein – also beachten:

- Handgelenk der linken Hand *keinesfalls* maximal beugen. Nur ein weit davon entfernter dezenter Bogen (von Hand und Unterarm) wäre meiner Erfahrung nach noch brauchbar.
- Im *seitlich* aufgestellten Spiegel Handgelenk kontrollieren!
- Gegebenenfalls Haltung anpassen (Instrument höher?)

---

31 https://youtu.be/57TXrSXb0DQ Greg Howe: Hammer Ons From Nowhere, aufgerufen am 28.07.2019. Siehe auch zu Tonleitern mit Tapping: Hot Rock Licks – Lehrvideo von Greg Howe.

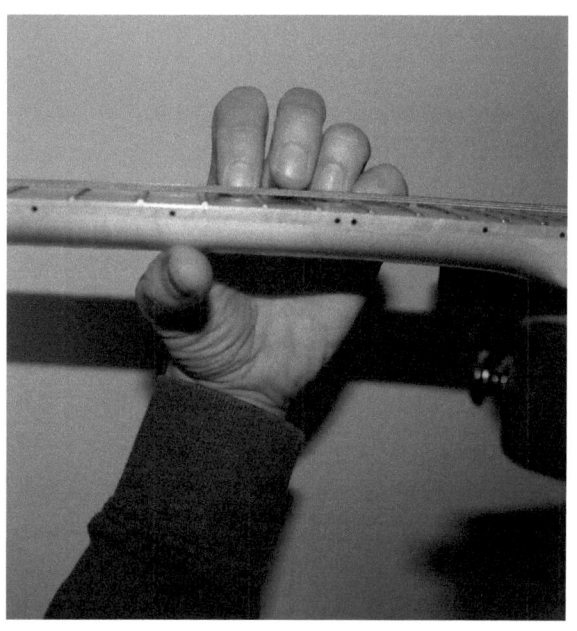 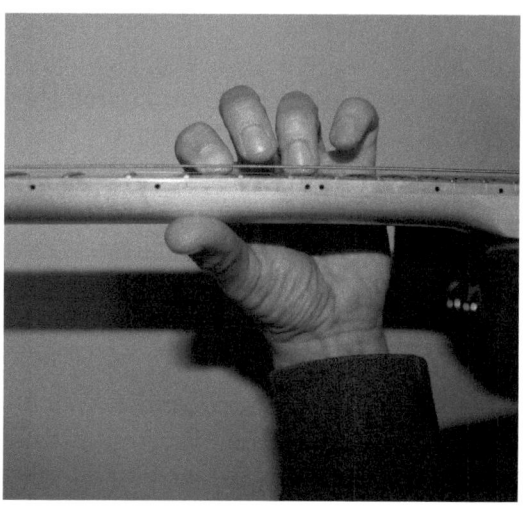

Abb. 61 Eher so: Arm bringt KF nahe an Saiten   Abb. 62 Falsch!

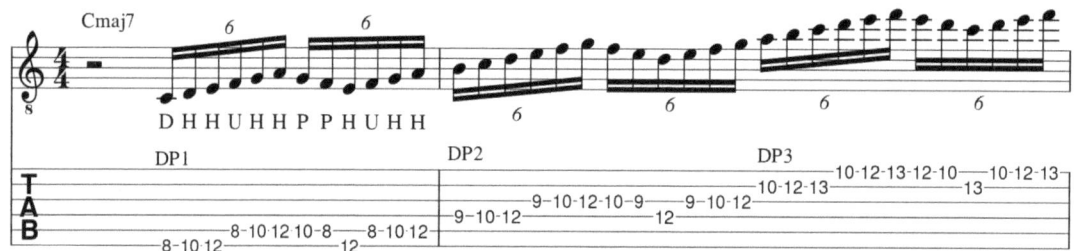

Abb. 63 Legatolick „Sextolensequenz"

H: Hammer on
P: Pull off
D: Downstroke
U: Upstroke

13. Wie bekomme ich Regelmäßigkeit und einen 'fließenden' Klang in meine Tappingphrasen?

Erstaunlich schnelle Tonfolgen mittels Tapping zu produzieren ist zwar für ein paar Sekunden lang auch für ungeübte Spieler einfach („Party-Gag"), hingegen rhythmisch akkurat Tapping in ein Solo einzubringen erfordert dann doch eine gründliche Vorbereitung. Um Tappingphrasen mit Präzision zu spielen, können folgende Vorgehensweisen jeweils separat geübt helfen:

- *Töne der linken* Hand auch alleine üben, den Rest (RH) als Pause lassen. Gegebenenfalls mit Plektrumanschlägen der RH unterstützen, wo sonst die RH mit Tapping-Pull-offs die Saite zum Klingen bringen würde.
- Die betonten Zählzeiten verschieben (also z.B. die eigentliche „1" als Auftakt nutzen, und die folgende Note als neue „1".)
- Langsam üben, auf Gleichmäßigkeit achten. Schneller üben und auf Lockerheit achten.
- Hammer-ons und Pull-offs der RH langsam und bewusst mit Pause dazwischen üben. Siehe Kapitel 12 – Bewegungsabläufe ebenso trainieren wie mit LH – egal, ob man lieber 'in die Hand hinein' oder 'nach unten' mit der RH Pull-offs macht.
- RH, bevor sie ihren Ton zu spielen hat, in Ruhe in Position bringen mit Hilfe des Armes, erforderliche Armbewegung bewusst machen, sodass Finger der RH auf allen Saiten annähernd den selben Bewegungsablauf haben, anstatt sich z. B. beim Wechsel zu den Diskantsaiten viel länger strecken zu müssen (Problem des 'Angelns nach Tönen', siehe Kapitel 14).
- Einige Spannung im Finger, der das Tapping ausführt, aufbauen. Ähnlich der LH ist auch hier die Kraftübertragung von Arm / Hand über den Finger möglich und sinnvoll, wenn auch mit 'flacherem Bogen'. Die Bewegung macht v. a. der Finger, das Gewicht von Arm und Hand wird jedoch übertragen, und erleichtert so das Tapping.
- Rhythmische Varianten üben, wie beispielsweise in Abb. 59.

Diese Aspekte lassen sich gut ausprobieren an folgendem Tapping-Lick (Abbildung 64). Eine 'Besonderheit' ist hierbei, dass die Töne der LH sogenannte 'Hammer-ons from nowhere' sind, also allein durch Hammer-on erzeugte Töne ohne vorher mit dem Plektrum angeschlagene Töne. Kombiniert mit Tapping[32] sind so schnellste Tonleitern (wie hier die letzten 5 Noten, separat auf 1 Saite wäre es jeweils: H – H – T für 3-Noten-pro-Saite-Skala) und Arpeggien möglich, die weniger 'offensichtlich' nach Tapping klingen, sondern sich elegant in andere Solospieltechniken einfügen – eine Spezialität von Greg Howe. Längerfristig lässt sich ein Tempo von 120 bpm mit diesem Lick gut erreichen.

---

32 https://youtu.be/57TXrSXb0DQ Greg Howe: Hammer Ons From Nowhere, aufgerufen am 28.07.2019. Siehe auch zu Tonleitern mit Tapping: Hot Rock Licks – Lehrvideo von Greg Howe.

H=hier überwiegend Hammer On from nowhere. Technisch genauso wie 'normale' HammerOns.
T=Tapping = Hammer On mit Zeige- oder Mittelfinger der RH, folgende Note wird mit
Pull off der RH gespielt.

Abb. 64 Tapping Arpeggio

Um beim Tapping unerwünschte Geräusche von Leersaiten zu dämpfen, empfiehlt sich
ein dickes Haargummi oder ähnliches im Bereich der ersten Bünde anzubringen.

Teil 4: Üben

14. Tipps zum Üben

Grundsätzliche Überlegungen: Was bedeutet „Üben"?

Während man von manchen erfolgreichen Musikern in Interviews und Studien erfährt,
dass sie schlichtweg extrem viel Zeit mit Üben am Instrument verbracht haben (10.000
Stunden bis zum Niveau eines Profis[33], mehrstündige bis gar 1000-fache Wiederholung
einer anspruchsvollen Stelle[34]), und es den Anschein erweckt, als gehe es in erster Linie
um Geduld, Ausdauer und sehr viele Stunden sportlichen Trainings ('repetitio est mater
studiorum'), so findet sich gerade seitens einiger Instrumentalpädagogen verschiedenster
Instrumente eher die Ansicht, dass es nicht so sehr auf die Zahl der Stunden des
Trainings, sondern vielmehr auf ein bewusstes Verstehen der Spieltechniken[35] und der

33 vgl. Spitzer, Manfred: Musik im Kopf. Hören, Musizieren, Vertehen und Erleben im neuronalen
Netzwerk. Schattauer 2002, S. 317. vgl. auch
https://www.welt.de/gesundheit/psychologie/article115708816/Wer-10-000-Stunden-uebt-kann-ein-
Meister-werden.html, aufgerufen am 27.7.2019.

34 vgl. Grady, Troy: Cracking the Code Episode 12: "Conquering the Scale" — Michael Angelo Batio &
Two-Way Pickslanting, auf: https://youtu.be/JZ3f4uhQLkA, aufgerufen am 27.7.2019. vgl. hierzu
auch: Neuhaus S. IX, bezüglich einiger bereits auf höchstem Niveau spielender Piansten, die sich
dieser Übungsmethode erfolgreich bedienen. Neuhaus beschreibt das Üben einiger anspruchsvollen
Takte über mehrere Stunden am Stück treffend als 'Topf, den man nur so zum Kochen bringt, indem
man ihn auf dem Feuer lässt, anstatt ihn zwischendurch immer wieder abkühlen zu lassen'.

35 vgl. Zittlau, Jörg: Wer 10.000 Stunden übt, kann ein Meister werden. Auf:

musikalischen Struktur, der 'Bedeutung' eines Stücks ankommt (Heinrich Neuhaus vertritt eher eine Kombination dieser gegensätzlich anmutenden Positionen[36]).

Im ersten Falle würde man also ein 'schwieriges Lick' einfach sehr oft wiederholen in der Hoffnung, dass man es dadurch beherrschen lernt. Im zweiten Falle käme es darauf an, zu ergründen, in wie fern die eigenen Bewegungen noch von einer optimalen Spieltechnik abweichen, um sich dann diese optimale Technik bewusst anzugewöhnen.

Beide Positionen haben meiner Erfahrung nach ihre Berechtigung: Das zeitintensive Wiederholen, da man sich kaum eine Spieltechnik allein durch Nachlesen oder Anschauen von Videos und direktes Nachahmen aneignen kann. Es gehört immer ein subjektives Ausprobieren und Spüren dazu, bei dem teils unbewusst die Bewegungen mit vielfachen Wiederholungen optimiert werden. Diese Übungsvariante ist in der Tat bei einigen 'modernen' Instrumentalpädagogen außer Mode gekommen[37], funktioniert aber aus dem angegebenen Grund nach wie vor, und hat es ebenso bei einigen der größten Virtuosen unserer und vergangener Zeit.[38] Andererseits hat auch die zweite Herangehensweise ihren Sinn: Das Verstehen von Zusammenhängen, die das Spielen bestimmter Tonfolgen erleichtern, verkürzt den Zeit- und Energieaufwand für das oben genannte subjektive Ausprobieren. In diesem Sinne gehört stets beides dazu: Training durch Wiederholung einerseits, Verstehen von Bewegungsabläufen andererseits. Je nach dem, in welcher Weise gerade geübt werden soll, ist verschiedenes zu beachten:

1. Training durch langsame, nach und nach schnellere Wiederholung

Wenn man etwas, das noch nicht optimal funktioniert, in dieser Weise trainieren will, ist Vorsicht geboten: Stundenlanges Wiederholen kann dazu führen, dass man sich lediglich einen schlechten Bewegungsablauf einprägt und seinen Körper überlastet. *Daher ist zunächst einem möglichst weitreichenden Verstehen der erforderlichen Spieltechnik Vorrang zu geben.*

Dabei sollte das Üben über die Woche hinweg nur in anteilig kleineren 'Portionen' aus diesen intensiven Wiederholungen bestehen, und genug Abwechslung durch anders geartete Herausforderungen (andere Techniken, neue Akkorde, Skalen, Stücke lernen, Improvisation, Verstehen von Bewegungsabläufen) bieten.

Viele Wiederholungen sollten nur mit technisch bereits gut beherrschten, kleinen Abschnitten (ca. 1 – 3 Takte) erfolgen, um diesen 'den letzten Schliff' zu geben.

---

https://www.welt.de/gesundheit/psychologie/article115708816/Wer-10-000-Stunden-uebt-kann-ein-Meister-werden.html, aufgerufen am 27.7.2019.

36 vgl. Neuhaus, S. VII ff.

37 Vermutlich aufgrund solcher Studien, wie dargestellt in: Spitzer, Manfred: Musik im Kopf. Hören, Musizieren, Verstehen und Erleben im neuronalen Netzwerk. Schattauer 2002, S. 324. Diese Studie betrifft ein Experiment, in dem mit wiederholten Versuchen die Reaktionszeit des Drückens einer Reihenfolge von Tasten deutlich sinkt, aber nach 11 – 12 Wiederholungen die Reaktionszeit weniger stark abnimmt, beinahe gleich bleibt. Hier wurde allerdings nicht die komplexe Übungssituation am Instrument abgebildet (z. B. Daumenpositionen, Armbewegung, linke und rechte Hand, zu verkürzenden Töne und so weiter), sondern lediglich eine simple Tastenreihenfolge.

38 vgl. Neuhaus S. IX.

Wenn dies gegeben ist, ist nun Aufmerksamkeit geboten, um vom wiederholenden Üben zu profitieren:

- Hände und Arme sollten vorher warm und locker eingespielt sein (z. B. mit einfachem, was man schon gut beherrscht, am besten einstimmig Tonleitern oder Chromatische Phrasen auf allen Saiten)
- Fingeraufsatz auf den Saiten mit minimalem Druck, oder ist es teils zu viel?
- Handgelenk locker, nicht stark angewinkelt? (Im Spiegel / mit Kamera kontrollieren!)
- Finger locker, ohne größere Anspannung?
- Kommt es dazu, dass mir die Bewegung manchmal leichter fällt? Woran liegt das?
- Man fängt langsam an und steigert allmählich mit Metronom das Tempo – Ist es noch gut leistbar?

Dieses wiederholende Üben ist generell dem technischen Leistungsstand ehrlich anzupassen: Es hilft nichts, 7 Stunden auf einem Lick oder Arpeggio 'herumzuprügeln' in Tempi oder mit Techniken, die einem schwer fallen! Der Schaden wäre größer als der Nutzen. Denn den erforderlichen teils längere Zeit und vielfältige Spielerfahrung brauchenden Prozess, sich ohne Gewalt eine Technik anzueignen, die einem erlaubt, diese Tonfolge leicht zu spielen, kann man nicht einfach überspringen. In einem solchen Falle wäre dann zunächst eine weniger komplexe spieltechnische Herausforderung zu wählen, ein z. B. einfacheres Lick oder ein niedrigeres Tempo, viel kürzere Übungszeit. Dies betrifft in jedem Falle das Erlernen einer bis dahin unvertrauten Technik, z. B. Tapping der rechten Hand, wenn man bis dahin nur mit Plektrum gespielt hat. Geht einem eine Phrase wirklich leicht (!) von der Hand, und ist man gut im Training, dann kann es durchaus gewinnbringend sein, sie über 20 Minuten oder sogar einige Stunden mit Metronom in langsam ansteigendem Tempo zu trainieren. Beispielsweise: Ein Arpeggio - Tempo 60 bpm, 5x in Achteln, 5x in Sechzehnteln, kurze Pause mit leichtem Dehnen, Ausschütteln. Dann das selbe mit um 5 bpm gesteigertem Tempo, immer so weiter, solange es leicht geht. Aufhören, wenn man merkt, dass die Präzision oder Leichtigkeit nachlassen. Eventuell nochmal kurz in langsamem Tempo durchspielen, um mit positivem Erlebnis des trainierten Abschnitts abzuschließen.

Mit dieser Methode wird man im Laufe einiger Tage sein Tempo für den geübten Abschnitt steigern können, vielleicht nicht in zwei Tagen, aber durchaus im Laufe mehrerer Tage.

In höherem Tempo angekommen, kann es auch sinnvoll sein, hiermit, oder in knapp darunter liegendem Tempo weiter zu üben, wenn das jeweilige Tempo inzwischen mit Leichtigkeit und effektiver Technik gespielt wird. Dann ist es durchaus nützlich, ein jeweiliges Lick o. ä. in diesem Tempo vermehrt zu üben, um hier Routine aufzubauen. Vorher langsam üben, bis man aufgewärmt ist.

2. Verstehen von Bewegungsabläufen

Während man sich die Noten dessen, was man lernen möchte aneignet, legt man sich ein Konzept für die Spieltechnik zurecht, macht sich gegebenenfalls Notizen in den Noten: Wo sind Noten vor einem Lagenwechsel, die ich verkürzen will, wo ist mein linker Arm / Ellbogen zu Beginn, wo bewegt er sich hin, usw. Dann erprobt man ein wenig sein Konzept, vielleicht um festzustellen, dass es hier und da noch einer Änderung bedarf.
Anschließend geht es an die Variante 1 des Übens: Wiederholungen. Diese können nun helfen, der Stelle den 'letzten Schliff' zu geben: Das genaue Ausmaß einer Armbewegung, die größere Routine, die ein höheres Tempo ermöglicht.

Zwischendurch kann einen weiter bringen, gezielt *bestimmte Bereiche deutlich zu lockern*, also Muskeln loszulassen, wie etwa bei Handgelenk, Fingern, Schulter, Arm, Rumpf. Manchmal wird es dann zwar zu locker, da man schließlich an bestimmten Stellen Muskelspannung braucht, um zu spielen, aber andererseits kann man so auch bemerken, wo einem diese Lockerung bislang gefehlt hat.

Versuchen, die *'Steuerung'* der Bewegung von wechselnden Punkten ausgehen zu lassen: Etwa beim Wechselschlag vom *Handgelenk* aus die Impulse geben, ein anderes Mal von den *Fingern*. Mal die linke Hand den Zeitpunkt der Töne durch Aufsetzen der Finger bestimmen lassen, mal die rechte Hand.

Beobachten: Was macht mein Atem? Luft anzuhalten ist in der Regel *nicht* förderlich (starrer Körper bei gleichzeitiger Bewegungsaufgabe).
Passt die Atmung zur übrigen Körperbewegung? Wenn ich mich zu Beginn einer Phrase eher zunehmend vorbeugen muss, und der Bauch- und Brustraum also enger wird, geht dies oft leichter, wenn ich zugleich ausatme. Vergesse ich vorher das Einatmen, bzw. atme aus und beginne anschließend, zu spielen, wird es unter Umständen schwieriger. Muss ich mich aufrichten, dann geht dies manchmal besser mit gleichzeitigem Einatmen. Da es sich bei der Atmung und bei den Bewegungen des Rumpfes, der Schultern und Arme beim Gitarrenspiel um einen komplexen Vorgang, keine bloße Auf- und Abbewegung handelt, kann es je nach vorangegangener Haltung aber auch genau umgekehrt sein. Man sollte daher sicher nicht für jede Achtelnote die Atmung zu planen versuchen. Es kann sich aber durchaus lohnen, darauf zu achten, ob der Atem frei fließt, und ob es Stellen gibt, die einem leichter fallen, wenn man vorher passend in natürlichem Maße ein- oder ausatmet.
Der Atem macht teils mehrere Zentimeter Unterschied! Mein Vorschlag: Ein Experiment in Anlehnung an Qi-Gong-mäßige Atmung: Stellt man sich gerade hin, atmet aus, streckt einen Arm nach oben und schaut, wie hoch man mit den Fingerspitzen der Hand kommt, und atmet dann ein, zeigt sich, dass man dann mit den Fingerspitzen einen deutlich höheren Punkt im Raum erreichen kann.

3. Variante: Ausprobieren im hohen Tempo.

Neben den oben genannten Varianten ist es auch erforderlich, manches direkt in eher hohem Tempo auszuprobieren, denn alles andere ist „Trockenschwimmen": Langsam kann man auch mit einer falschen Technik etwas spielen, was dann in hohem Tempo nicht funktioniert. Freunde schnellen 'Gefuddels' liegen nicht ganz falsch! Allerdings ist Vorsicht geboten: Diese Variante des Übens kann schnell zu Ermüdungen führen, und damit wiederum zu falscher Technik (siehe unten). Darum: Zwar ins tägliche Übungsprogramm integrieren, aber: höchstens (!) zwei mal 10 Minuten pro Tag, mit kleinen Pausen zum Ausschütteln oder zarten Massieren der Hände, Arme und Schultern. Vorher sollte man sich mit einfachem Material (einstimmige Melodien, anfangs *keine* Akkordgriffe) und in langsamem Tempo aufgewärmt haben.

Für das Lick des Kapitels 6 könnte dies, unterteilt in kleine Portionen (siehe unten: 'Marterialeinteilung und Ziele') folgendermaßen aussehen (Abbildungen 65a und 65b):

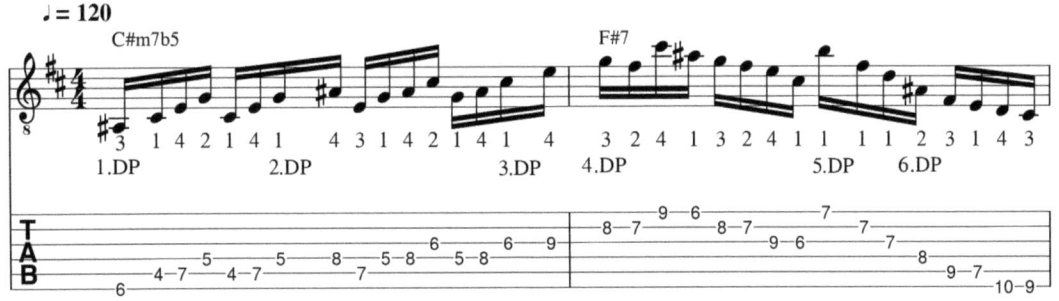

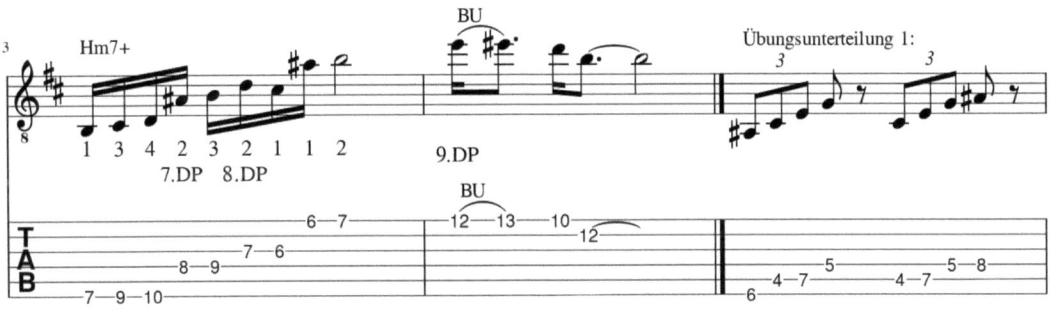

Abb. 65a

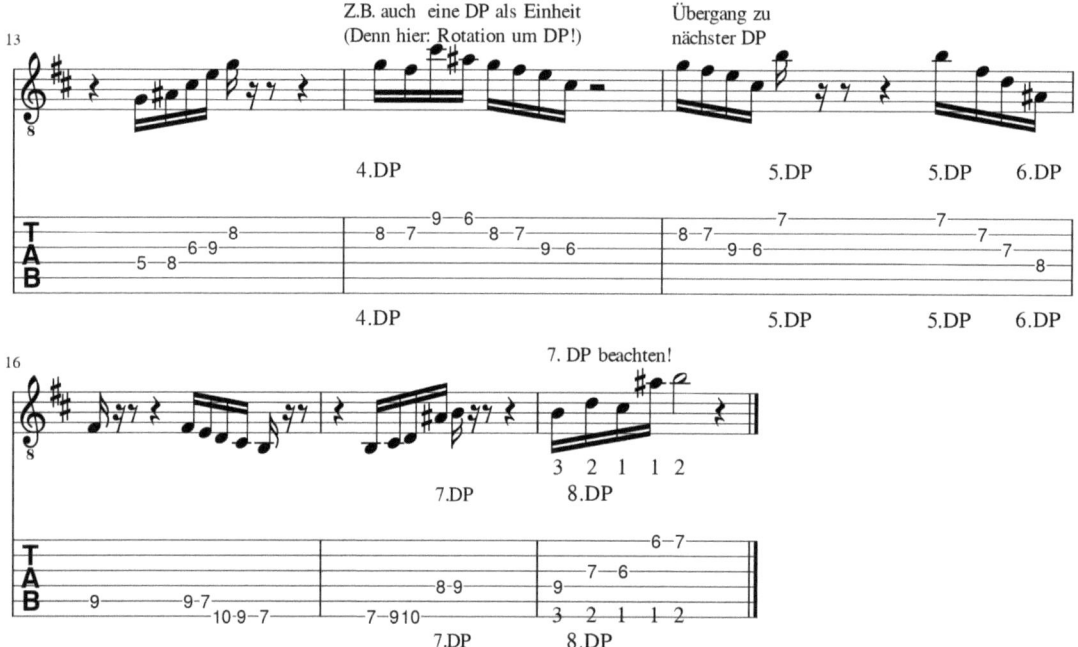

Abb. 65b

Eine solche Einteilung ist sowohl für Ausprobieren in hohem Tempo nützlich, als auch als Variante für das wiederholende Üben.

Materialeinteilung und Ziele:

Das, was man zu spielen lernen möchte, sollte man nach einer groben 'Sichtung' so lange reduzieren, aufteilen, bis man einfach leistbare Elemente erhält, und diese dann in verschiedenen Tempi technisch zu verstehen versuchen, wiederholen, ausprobieren, verbessern (siehe oben).

Ziele setzen oder „der Weg ist das Ziel"?

Beides gehört, wohlverstanden, zum spieltechnischen Fortschritt:

Ziele setzen – Ein Ziel ist sinnvoller Weise...
- Machbar („Liegt das kurzfristige Ziel nahe genug an meinen gegenwärtigen Fähigkeiten?")
- Prüfbar („Kann ich xy flüssig spielen?")
- Zeitlich festgelegt („In 1 Woche will ich verstanden haben, welche Bewegungen für das Lick xy erforderlich sind")

„Der Weg ist das Ziel"...

Das Paradoxe bei den zuvor genannten Zielen ist, das sie naturgemäß etwas unbekanntes, unberechenbares beinhalten, einem ist schließlich vor ihrem Erreichen nicht vollständig klar, wie es ist, dort angekommen zu sein. Entsprechend sollte man sich keinesfalls während des Übens zum Erreichen eines Ziels gewaltsam zwingen wollen, nach dem Motto „Ich will *unbedingt* das Lick xy in diesem Monat noch im Tempo 140 bpm spielen können". *Das wäre falsch*, da das Erreichen eines solchen Ziels niemals 'unbedingt' ist, sondern eben *bedingt* durch das eigene aktuelle spieltechnische Niveau, den eigenen Erfahrungsstand und die Fähigkeit, Instrument und Körper wahrzunehmen!

Und manches muss man eben ausprobieren, um zu merken, ob es für einen schon leicht machbar ist, oder eben nicht.

In diesem Sinne empfiehlt sich also viel mehr, das eigene Üben und Spielen eben nicht nur an technischen Leistungen auszurichten und zu bewerten, sondern mit Geduld vorzugehen, und sich an Ausdruck und Ästhetik zu orientieren – Schönheit als 'Keim' für alles andere (siehe unten). Was hört man lieber? Ein virtuos gespieltes ausdrucksloses Stück oder ein ausdrucksvolles technisch einfaches Stück? Technisches Üben erfordert Gelassenheit! Sonst, mit Gewalt und Zwang, fördert es bloß eine falsche, anstrengende letztlich langfristig nicht durchzuhaltende Technik. Das Metronom und damit verbundenes fleißiges Üben hat genau dann seinen Wert, wenn das Metronom *nicht dem Erzwingen* eines Tempos dient, sondern einem hilft, im Tempo zu bleiben, ein präzises Gespür für die Notenwerte zu entwickeln, und *kontrolliert das Übetempo zu variieren*, und *es an die eigenen Fähigkeiten anzupassen. So kommt man weiter, mit Aufmerksamkeit, Neugier und Akzeptanz.*

Wie kurzfristige und langfristige Ziele aussehen könnten:
Kurzfristig (Zeitraum ab Beginn dieser Übersicht: Wochen - Monate)

- Bewegung beim Crosspicking anhand des Arpeggios und der Experimente (Kapitel 10) kennen lernen. Das Arpeggio wiederum in Abschnitten von 3 bis 5 Tönen üben. So lange trainieren, bis in Sechzehnteln 100 bpm beim ganzen Arpeggio, und 130 bpm für einzelne kleine Abschnitte erreicht werden.
- Ergänzend Abschnitte von Tonleitern über 3 Saiten in Sechzehnteln mit der selben Pickingtechnik üben bis Tempo 100

Mittelfristig (Zeitraum ab Beginn: Monate – 1 1/2 Jahre)

- Ein kleines Crosspicking-Lick üben, z.B. Arpeggio mit 1 Note pro Saite aufwärts über drei Saiten in eigenes Lick einbauen, bis man mit dem gesamten eigenen Lick 130 bpm erreicht.
- Picking von Arpeggien (1 Note pro Saite) in kleinen Abschnitten sowohl langsam üben, als auch flottes Ausprobieren über drei Saiten aufwärts, abwärts, dann auf und ab.
- Tonleiterabschnitte weiter mit Crosspicking bis Tempo 130 üben
- Anfangen, andere Pickingtechnik zu lernen (Highspeed Alternate Picking oder Sweeping)

Langfristig (Zeitraum Jahr – 2-3 Jahre)

- Arpeggiopicking (mittels Crosspicking) ausbauen bis Arpeggio vielfach hintereinander mit 130 bpm funktioniert. Weiterhin auch in kleinen Abschnitten üben.
- Weiter an anderer Pickingtechnik üben, z. B. 'Shredding-Sequenz' mit zunehmend höherem Tempo (100 bpm und eventuell mehr).

Diese Zeiträume können natürlich stark variieren in Abhängigkeit von den Fähigkeiten zu Beginn und dem Übepensum. Diese Übersicht geht von einer ambitionierten Person aus, die bereits ein paar 'Klassiker' der Rockmusik spielen kann, inklusive Soli, und schon ein paar 'flott' anmutende Läufe eingebaut hat, also etwa vierjähriger Erfahrung und engagiertem Üben. Es sollte keinesfalls etwas innerhalb der angegebenen Zeiträume erzwungen werden wollen, denn man kommt nicht darum herum, sich selbst genug Zeit zum Lernen einer sauberen, lockeren Technik zu geben. Machbar ist es jedoch auch für 'motorisch durchschnittlich Begabte'. Flankierend ist auf jeden Fall nützlich, Songs, Soli, Licks zu lernen oder sich auszudenken, die man technisch bereits meistern kann, und diese mit anderen, z.B. in einer Band zu spielen. Diese Abwechslung ist zum einen musikalisch wichtig, zum anderen ist auch eine gewisse Vielfalt von Herausforderungen für die Entwicklung der Spieltechnik gewinnbringend, es entsteht ein breiterer Erfahrungsschatz, der einem teils unbewusst und ungeplant neue Haltungen und

Bewegungsformen ermöglicht, auf die man sonst nicht käme. Zugleich bietet einem dies die dringend auch nötige Erholung von 'strikt' technischem Training.

Warnsignale und Erkennungsmerkmale bei falscher Technik

Wer fleißig übt, ist ambitioniert – grundsätzlich eine der Entwicklung von Virtuosität zuträgliche Haltung. Allerdings wird die große Ambition zum Problem, wenn sie dazu führt, dass man unvorsichtig Tempi oder Tonfolgen spielt, die noch zu schnell oder zu komplex sind. Dies wird unter anderem erkennbar an folgenden Punkten, die man als Warnsignal betrachten sollte, um nicht seine Zeit zu verschwenden und eine falsche Technik zu üben.

Warnsignale bei falscher Technik:

- „Klammern": Finger oder Hand beginnen, innerhalb einer Phrase ihre Anspannung bzw. den Kraftaufwand immer mehr zu steigern (z.B. bei einem längeren Legato-Lick)
- „Kleben": Man hat das Gefühl, dass die Finger sich nicht schnell genug bewegen lassen, als ob sie während einer Phrase 'hängen bleiben' oder 'kleben', anstatt sich frei zu bewegen.
- „Angeln": Statt früh genug 'da' zu sein, 'angeln' ein oder mehrere Finger verspätet nach ihrem Ton, müssen sich mühsam nach dem Ton strecken, anstatt bequem 'sofort da' zu sein.
- 'Hängenbleiben' bei Übergängen, wie etwa Lagenwechsel, Saitenwechsel...
- Ermüdungserscheinungen in Arm, Hand oder anderswo, auch am folgenden Tag (beachten!)

In diesen Fällen mangelt es in der Regel an einem angemessenen technischen Verständnis oder Konzept. Es sollte v. a. in langsamem Tempo probiert werden, wie die technische Herausforderung gelöst werden kann (Arm, Töne verkürzen etc.). Oft gibt es mehrere Lösungen. Dann ist die Frage, welche am besten zu einem passt. Es kann helfen, mal vom Start einer Phrase oder eines Abschnitts hiervon, und mal von dessen Ende her zu klären, was die Finger brauchen: Wie könnte man anfangen, wie kann man locker ankommen?
Wichtig ist, sich klar zu machen, wie genau man *nach* dem 'Hängenbleiben' ankommen will, welche Haltung z.B. die nächsten 6 Töne nach dem 'Hängenbleiben' eigentlich brauchen. Also: Vom Ende her durchdenken! Diese Haltung sollte dann mit einigen Wiederholungen geübt werden, und dann in langsamem Tempo, eventuell sogar mit eingefügter Pause, der Übergang von den vorhergehenden Tönen zu dieser neuen Lösung.
Bei Ermüdungserscheinungen am nächsten Tag, wenn man beispielsweise bemerkt, dass die Finger sich anders / unangenehm anfühlen, sollte man überlegen, mit welcher Übung

man zuvor übertrieben hat, und diese künftig reduzieren, Vorsicht walten lassen und die Spieltechnik überdenken.

Übersicht zur Selbstbeobachtung und Variationen beim Üben:

Beobachtungsschwerpunkt / Variante:	Erledigt? (Immer wieder erneut bedenken)
linke und rechte Hand separat möglich?	
Notieren und beschreiben, wenn sich unbewusst eine gute Bewegung herausbildet, später wieder nachlesen.	
Durchgehende Achtel oder Sechzehntel durch punktierte Rhythmen ersetzen	
„Klammern", „Kleben" oder „Angeln"? Wenn ja, neu durchdenken, so nicht weiter machen!	
Armbewegung	
Daumenpositionen und -lockerheit	
Handrotation mittels des Armes / des Ellbogens, nicht Hand alleine	
Noten verkürzen vor Lagenwechsel	
Stabile Fingeraufstellung	
Gesamter Körper (z.B. Schultern und Nacken locker, Knie, Füße ebenso, Bauch, Atmung normal?)	
Abwechselnd verschiedene Bereiche während des Spielens locker lassen (Handgelenk, Finger, Schulter...)	
Wechselnde 'Steuerungsimpulse' (Mal von der RH, mal von der LH 'Steuerung' des Tempos übernehmen lassen)	

Simple Schönheit als 'Keim' nutzen

Neben spieltechnischen Errungenschaften tragen ganz wesentlich rhythmische, melodische und motivische Gestaltung dazu bei, dass das Spiel 'gut' und mitunter 'schnell' klingt. In diesem Sinne sollte man nicht verzagen, weil man noch nicht Tempo 160 mit seinen Licks erreicht, oder noch nicht alle gewünschten Techniken in seine Improvisationen einbringt. Vielmehr kann es einem selbst und der Zuhörerschaft viel mehr Freude bereiten, wenn man geschickt nutzt und einsetzt, was man bereits kann, anstatt nur Tonleitern und Arpeggien 'rauf und runter' zu spielen. Außerdem basiert auch virtuoses Spiel, wenn es gut klingt, stets auf musikalisch sinnvollen, meist einfachen Grundlagen, wie beispielsweise den untenstehenden. Daher ist auch die Arbeit an dieser 'simplen Schönheit' letztlich virtuosen Zielen zuträglich – man muss wissen, was man wirklich spielen will („passende", „schöne" Tonfolgen!), um es virtuos sinnvoll verwenden zu können. Quasi steht am Anfang die Suche nach *simpler* Schönheit als 'Keim' für alles folgende.[39] Hierzu kann man sich mit folgenden Punkten befassen:

a) 3 – 4 wirklich gut passende Töne, die man selbst ausdrucksvoll findet, für Akkordfolgen zu finden (nicht überfordern – lieber 3 – 4 Töne, die gut klingen, als 5 Tonleiterfingersätze, die man nur auf- und abspielen kann, ohne musikalisch ausdrucksvoll zu klingen. Das ganze erst dann ausweiten, wenn es musikalisch / ausdrucksvoll funktioniert!)

b) sich rhythmische Motive auszudenken, die man leicht mit verschiedenen Tönen spielen kann

c) ein solches rhythmisches Motiv durch mehrere Akkordwechsel zu führen

d) Gesangsmelodie eines Stücks (teilweise) lernen und ergänzen mit Nebennoten: Vor oder zwischen wichtigen Melodietönen gespielte Noten, die einen Ton höher oder niedriger in der Tonleiter stehen. Einzelne kurze Notenwerte hier einzufügen ist nicht schwierig, aber kann effektvoll wirken.

e) Besser *präzise* einfache Dinge spielen (Taktanfang / -ende, Rhythmik, Bendings auf korrekte Tonhöhe), als schwierige Dinge unsauber. Sonderfall: Exakt plaziert 'Lärm', extremes Delay (z.B. David Bowie: Moonage Daydream (Live-Version) Gitarrensolo von Mick Ronson), Tremolo auf einem Ton, Whammybar-Action o.ä. Vom Takt abweichender 'Lärm' kann gut wirken, wenn er zum Takt passend begonnen und auch passend beendet wird, eingebettet in eine rhythmisch präzise weiter laufende Begleitung, eingeleitet mit einer prägnanten, einfachen Melodie (siehe a).

---

39 In diesem Sinne betont auch der berühmte Klavierpädagoge und Pianist Heinrich Neuhaus, dass schon mit Anfängern nicht nur Arbeit an der Spieltechnik, sondern gleichermaßen auch Arbeit am 'künstlerischen Bild', also am Begreifen von Sinnzusammenhängen, die durch die Musik zum Ausdruck gebracht werden können, stattfinden muss. (Neuhaus, Heinrich: Die Kunst des Klavierspiels, Musikverlag Hans Gerig 1967, S.3.)

Hinweise für die Weiterentwicklung

Lehrerwahl

Die Bedeutung der guten Wahl eines Gitarrenlehrers ist nicht zu unterschätzen. Einen *für einen selbst* guten Gitarrenlehrer kann man meines Erachtens daran erkennen, dass das, was er einem sagt, dazu führt, dass man bald etwas leichter spielen kann, was vorher so gut nicht ging. In der Regel tut man gut daran, nach einem studierten oder namhaften Gitarrenlehrer Ausschau zu halten, wobei die besten oft auch an Hochschulen und Konservatorien unterrichten. Im Gegenteil fühlen sich auch manche Hobbygitarristen berufen, zu unterrichten, die jedoch leider oft nicht die besonderen Belange und Bedürfnisse ihrer Schüler richtig erkennen können, selbst wenn sie selbst schon recht gut spielen. Wenn man den Eindruck gewinnt, dass man zwar vieles erzählt bekommt, irgendwelche Anweisungen erhält, dass es jedoch keinerlei 'Aha'-Erlebnisse gibt, sich kein neues gutes Gefühl für bestimmte Stellen einstellt und keinerlei Erleichterung beim Spielen, sollte man natürlich mit seinem Lehrer darüber sprechen, aber falls das nichts ändert, probehalber Unterricht bei einem anderen Lehrer nehmen. Mehrere verschiedene Lehrer können sehr bereichernd sein, jeder könnte einem bei einem anderen Problem eine besondere Hilfe sein.

Ansprüche an die eigenen Fähigkeiten

Während man sich auf einen Bereich beim Üben konzentriert, kommt es wahrscheinlich vor, dass anderes zwischenzeitlich nicht mehr so gut funktioniert. Es wäre unangemessen, anderes von sich zu erwarten. Selbst ein Gitarrist der Weltklasse wie Tilman Hoppstock berichtet, dass die technische und musikalische Präzision, mit der er bestimmte Stücke wie z.B. Capricen von Paganini spielt, für ihn nicht jederzeit einfach abrufbar ist, vielmehr eine aufwendige Vorbereitungsphase vor dem Konzert erfordert, und teilweise auch nur in Studioaufnahmen erreichbar ist.[40]

Auf der anderen Seite kann es einen manchmal spieltechnisch weiter bringen, ein Stück, eine Spieltechnik oder ein Lick einige Tage oder Wochen ruhen zu lassen, sich mit anderem zu beschäftigen. Diese Abwechslung kann auch innerhalb einer 'Übesitzung' helfen, sodass, nach etwas echter 'Ablenkung' plötzlich das vorher geübte besser funktioniert.

Es ist zwar empfehlenswert, ein Lick oder eine Übung jeweils in unterschiedlichen Lagen (und Tonarten) auszuprobieren, es wäre aber unsinnig zu erwarten, dass man alles in allen Lagen gleich gut hinbekommen müsste. Das dürfte niemandem gelingen, dafür

---

40 Interview in STACCATO 3/1998, online in Auszügen unter http://www.t-hoppstock.de/Interv_Staccato.html, aufgerufen am 29.08.2019.

ist das Instrument nicht ausgelegt. Natürlich gehört zur Virtuosität ein gutes Maß an Flexibilität was Tonart und Ambitus (hier: Wechsel durch höhere und tiefere Lagen) angeht, aber man sollte auch hier Rücksicht auf die eigenen (durchaus erweiterbaren) spieltechnischen Grenzen nehmen, und bedenken, was sich in welchen Lagen gut spielen lässt.

Körperwahrnehmung und -kontrolle

Da Körperwahrnehmung und -kontrolle beim Instrumentalspiel von großer Bedeutung sind, kann es sehr gewinnbringend sein, verschiedene Kurse und am besten Einzelunterricht in allgemeiner Bewegungsschulung aufzusuchen. Was hierbei dem ein oder anderen Hobbygitarristen befremdlich erscheinen mag, ist an Musikhochschulen gang und gäbe, aus gutem Grund: Stress, Leistungsideale und mangelnde Selbstwahrnehmung können zu körperlichen Spannungen führen, die einer tragfähigen Spieltechnik im Wege stehen. Verschiedene Formen von Bewegungs- und Wahrnehmungschulung können einem helfen, solche Blockaden zunehmend aufzulösen. Solche Kurse und Lehrkräfte findet man leicht an Volkshochschulen, teils über Kirchengemeinden, Internet, auch gute DVD-Kurse oder Bücher können einen weiter bringen. Zu nennen sind insbesondere:
Qi-Gong,Tai-Chi, Alexandertechnik (aus dem Schauspielbereich), Feldenkrais-Methode, Achtsamkeitsbasierte Stressreduktion nach Jon Kabat-Zinn (moderne Wahrnehmungsschulung und Meditationsformen, wissenschaftlich fundiert). Es gibt noch vieles mehr. Man sollte nur gut darauf achten, dass es sich nicht um 'Hokuspokus' irgendwelcher selbsternannten 'Heiler' handelt, sondern von Lehrkräften unterrichtet wird, die von einem größeren Verband zertifiziert sind, und qualifizierte Angebote machen. Auch hier gilt: Sammeln, was einem hilft. In diesem Sinne wünsche ich viel Erfolg!

15. Abkürzungen

Finger der linken Hand in Notentext und Anleitung:
1 = ZF = Zeigefinger
2 = MF = Mittelfinger
3 = RF = Ringfinger
4 = KF = Kleiner Finger

LH = Linke Hand
RH = Rechte Hand
DP = Daumenposition

D = Downstroke (Abwärts anschlagen mit Plektrum)
U = Upstroke (Aufwärts anschlagen mit Plektrum)

H = Hammer-on
P = Pull-off
T = Tapping = Hammer-on mit Finger der RH, falls nicht anders notiert, folgt ein Pull-off der RH.

Literatur

Batio, Michael Angelo: Speed Kills. Metal Method 1991, 2012.

Fischer, Peter: Rock Guitar Secrets. AMA-Verlag 1992.

Frets, Josh: Priniples of Picking: How To Do It Right. Auf: https://fretboardanatomy.com/pickingprinciples/ Der Autor bezieht sich auf einen Artikel zur „miracle cure" durch Neigung des Plektrums, von Tuck Andress, Gitarrist des Duos Tuck & Patti aus dem Jahr 1999, der selbst zwar nicht mehr online ist, jedoch: Sehr sehenswerte, prägnante Bilder und animierte GIF's. Artikel vom 14.5.2016, aufgerufen am 28.07.2019.

Gambale, Frank: Monster Licks & Speed Picking. Alfred Publishing Co., Inc. 1988, 2002, 2005.

Grady, Troy: 'Cracking the Code'-Lehrvideos zu Pickingtechniken auf: www.youtube.com/user/troygrady, sowie auf www.troygrady.com, aufgerufen am 28.7.2019.

Grady, Troy: Frank Gambale's Cascading Sweep Harmonics, auf: https://youtu.be/GVIw2Fe1RZw, aufgerufen am 27.7.2019.

Grady, Troy: Martin Miller's 21st-Century Picking Mechanics, auf: https://youtu.be/0MVXbCzAV7Q, aufgerufen am 27.7.2019.

Grady, Troy: Michael Angelo Batio Live 2017! Full Interview + Commentary, auf: https://youtu.be/dEhSk4ZUo-A, aufgerufen am 27.7.2019.

Grady, Troy: Cracking the Code Episode 12: "Conquering the Scale" — Michael Angelo Batio & Two-Way Pickslanting, auf: https://youtu.be/JZ3f4uhQLkA, aufgerufen am 27.7.2019.

Hoppstock, Tilman: Interview, siehe unter: STACCATO 3/1998.

Howe, Greg: Hot Rock Licks. Alfred Publishing Co., Inc. 1989, 2008.

Howe, Greg: Hammer Ons From Nowhere, auf: https://youtu.be/57TXrSXb0DQ, aufgerufen am 28.07.2019. Siehe auch zu Tonleitern mit Tapping: Hot Rock Licks von Greg Howe.

Käppel, Hubert: The Bible Of Classical Guitar Technique. AMA-Verlag 2016.

Kühn, Clemens: Formenlehre. 8. Aufl. Bärenreiter-Verlag 2007.

Morse, Steve: Power Lines. Alfred Publishing Co., Inc. 1989, 2007.

Morse, Steve: The Essential Steve Morse (with The Steve Morse Band). DCI Music Video, CPP Media 1991.

Neuhaus, Heinrich: Die Kunst des Klavierspiels, Musikverlag Hans Gerig 1967.

Sagmeister, Michael: Jazzgitarre. AMA-Verlag 1999.

Spitzer, Manfred: Musik im Kopf. Hören, Musizieren, Vertehen und Erleben im neuronalen Netzwerk. Schattauer 2002.

STACCATO 3/1998: Interview mit Tilman Hoppstrock, online in Auszügen unter http://www.t-hoppstock.de/Interv_Staccato.html, aufgerufen am 29.08.2019.

Wagner, Jens: Hinweise zu einer Haltungs- und Bewegungslehre für Gitarristen. 'EGTA - Dokumentation Darmstadt 1991', Dokumentation '2. Intern. Madolinen-Symposium 1992 Trossingen', 'Üben & Musizieren', 'Gitarre & Laute', ‚Schriften der EGTA' Bd.1, 2010, online unter: www.jenswagner.com/hbl.pdf, aufgerufen am 28.7.2019.

wikibooks.org: 'Grundhaltung' [Artikel zur Problematisierung herangezogen (!)]: de.wikibooks.org/wiki/Gitarre:_Grundhaltung_der_Gitarre, aufgerufen am 28.7.2019.

Zittlau, Jörg: Wer 10.000 Stunden übt, kann ein Meister werden. Auf: https://www.welt.de/gesundheit/psychologie/article115708816/Wer-10-000-Stunden-uebt-kann-ein-Meister-werden.html, aufgerufen am 27.7.2019.